有的人是生来的富贵，

　　有的人是挣来的富贵，

　　　　有的人是送上来的富贵。

——莎士比亚 《第十二夜》

HOW TO MAKE
YOUR DAYDREAMS COME TRUE

埃尔默·惠勒销售课程 ①

如何把梦想变现

[美] 埃尔默·惠勒 著　　侯敏 译

哈尔滨出版社
HARBIN PUBLISHING HOUSE

图书在版编目（CIP）数据

如何把梦想变现 /（美）埃尔默·惠勒（Elmer Wheeler）
著；侯敏译. —哈尔滨：哈尔滨出版社，2019.2
（埃尔默·惠勒销售课程）
ISBN 978-7-5484-4374-2

I. ①如… II. ①埃… ②侯… III. ①创业－教材
IV. ①F241.4

中国版本图书馆CIP数据核字（2018）第256689号

书　　名：**如何把梦想变现**
RUHE BA MENGXIANG BIANXIAN

作　　者：[美] 埃尔默·惠勒 著　侯 敏 译
责任编辑：陈春林　韩金华
责任审校：李　战
版式设计：张文艺
封面设计：申海峰

出版发行：哈尔滨出版社（Harbin Publishing House）
社　　址：哈尔滨市松北区世坤路738号9号楼　　邮编：150028
经　　销：全国新华书店
印　　刷：三河市兴达印务有限公司
网　　址：www.hrbcbs.com　　www.mifengniao.com
E-mail：hrbcbs@yeah.net
编辑版权热线：（0451）87900271　87900272
销售热线：（0451）87900202　87900203
邮购热线：4006900345　（0451）87900256

开　　本：880mm×1230mm　1/32　印张：7.5　字数：120千字
版　　次：2019年2月第1版
印　　次：2019年2月第1次印刷
书　　号：ISBN 978-7-5484-4374-2
定　　价：39.80元

凡购本社图书发现印装错误，请与本社印制部联系调换。
服务热线：（0451）87900278

目录
CONTENTS

第二部分

能让你梦想成真的万能秘诀

第三部分
更多通往成功的钥匙

假如愿望
能变成马

　　如果有一个仙女答应让你许三个愿望，通过魔法立刻就能帮你实现，你会许什么愿呢？想要获得成功？拥有财富？到处旅游？买新衣服？坐豪车？住大房子？还是嫁给英俊的王子？娶到美丽的公主？

　　所有这些：成功的人生，银行账户的存款，漂亮的车，值得骄傲的别墅，理想的伴侣——都取决于你梦想的大小！

　　如何才能把你的愿望、欲望或梦想变成现实？我认为，此时终于出现了本世纪第一个既实用又可行的秘诀。有了这一秘诀，你便犹如魔杖在手，随心所欲！

惊人的力量

　　在当今时代，彩色电视、雷达、导弹的出现，人类对原子能的利用以及对更多未知领域的探索，使人类得以探知过去所无法理解的事情……但所有这一切，都没有超出这个人所发现的这个秘诀的范畴。

或者说，为了探寻绝对真理，这个人让失传已久的秘诀重见天日。既然过去的哲人心中"曾经的空中楼阁"能够变为现实，那就自有其道理。

发现（或者说重新发现）这一秘诀的人，就是埃尔默·惠勒，一位全球知名的销售专家和商业策划咨询师。正是他创造了著名的"销售台词研究室"以及"魔法销售台词"。他是一位著名的演说家，因被誉为"吱吱先生"而广为人知，因为正是他创造了一句家喻户晓的销售金句："牛排的卖点是牛排的吱吱声。"

同时，他还是一位畅销书作家，著有《魔法销售台词》《百试不爽的零售技巧》《如何推销自己》《肥仔之书》，以及其他很多广受好评的图书，帮助成千上万的读者获得了成功。

万能秘诀

埃尔默·惠勒的"万能秘诀"，就包含在本书之中，而且是以一种非常通俗易懂的方式呈现在接下来的内容里面。这是一种真正的科学方法，同各种数学公式一样管用。

把你对梦想的渴望和期待，化作现实生活中的一种强大动力。在阅读本书之后，你就可以掌握这种力量。

也许这并不是一种全新的理论，或是一门全新的科学，但毫无疑问，对于本书读者而言，这一"万能秘诀"是一种崭新的力量，它能够帮助你驾驭自己的渴望和期待，从而将其变为能够载你奔向成功的骏马。

1000 次的检验

为了证明这一万能秘诀确实能在你身上奏效，埃尔默·惠勒曾经专门介绍了 1000 个人的成功故事。在他们身上，到处可以发现这个秘诀的踪影。

他们就是惠勒在过去发表在报纸专栏——"成功的秘诀"中的那些成功人士。

当惠勒问这 1000 位成功人士，他们觉得自己成功的秘诀是什么时，惠勒发现了一个主题——或者说是一条主线。这条主线贯穿了所有人的回答。经过一番仔细的推究，他得以确信这一主题或主线正是一种普适或通用的成功模式！

通过对这一模式进行细致的分析，他提炼出所有回答中最本质的精华。在这些精华之中，他进一步发现了一个万能秘诀——这一秘诀包含了六条基本法则。正是因为有意或无意间使用了这一秘诀，才有了这 1000 个人的成功。

这绝非奇迹

这六条法则看似拥有魔法般的效力，让 1000 个人获得了真正的成功。不过，真正说来，它们并没有什么魔力。

最重要的是，对于我们这样的"小人物"而言，这些法则是实用而行之有效的。惠勒先生所描述的 1000 个成功人士，并不是那些可以载入史册的"大人物"——像福特、沃纳梅克或爱迪生这样的人。

实际上，他所讲述的并从中提取出万能秘诀的那些故事，既包括在战壕里怀有梦想的美国大兵，也有家庭主妇、水管工、青年小伙子等大多数自二战后获得成功的人。他们有些甚至成为百万富翁，但每一个人都是通过（刻意或不自觉）使用本书中的六条基本法则而获得了公认的成功。

因此，虽然本书很有可能对天才也有助益，但主要还是为帮助像我们这样的"小人物"而作的——工人、记账员、吧台女孩、擦鞋童、卡车司机……每一个迫切想要拥有更好生活的人，每一个有梦想并希望能够梦想成真的人。

草根也有成功的机会

你在本书中读到的人物，很可能就是你的一位邻居！他们的成功故事，有些跟霍雷肖·阿尔杰①小说中的男女主人公的经历很相似。

这些人包括发明了削皮刀的男孩，发明了Zippo打火机的青年，在轮椅上创立无线电公司的美国大兵。他们之中，有男孩也有女孩，有中年男子也有家庭主妇，但无论是谁，他们的经历都像是你能在晚间广播中听到过的，或是在成功学杂志上读到的那些追求成功的故事。

这些人就是像你这样的人——想要改善自己的生活，成为更出色的人，并获得人生的成功和相应的身份地位。

这本奇妙的书就是为你量身定做的！通过使用万能秘诀中的六条简单基本的法则，你就可以让自己的愿望、期待和梦想变成现实！

这本具有魔力的出版物会告诉你如何把梦想变现！而且只要你愿意，其中的万能秘诀就一定能助你一臂之力！

内尔斯·科诺德

① 霍雷肖·阿尔杰，美国儿童作家，著有130多部小说，其中大都是描述普通的孩子如何通过勤奋和诚实获得成功的。

第一部分

成功的秘诀是
什么？

金钱？

贵人相助？

还是教育水平？

第一章

什么样的人才能成功?

往椅背上一靠,幻想着"要是我有一百万",这就跟《伊索寓言》中,当那只蚂蚱还在唱着跳着,小蚂蚁们则已经开始思索"我怎么才能弄到一百万"一样。任何人都有机会成功。

你是否希望能有一种"魔法公式"来帮助你把梦想实现呢?

你是否希望能将不切实际的发财梦变成现实,让它可以摸得到、看得着?

如果你会做 1+1=2,那么就有这么一种魔法公式可以为你所用,因为它跟 1+1=2 一样简单。

你是否曾在工作中驻足,在班车的座椅上或工厂的车床边,幻想着能够遇到一位高贵的王子或迷人的公主?

你是否曾幻想过自己成了邻居里最有头有脸的人物——住豪宅,开豪车,一切应有尽有?

记住,1+1 永远等于 2!

作为一名女性，你是否曾对着时尚杂志叹着气说："要是我有一百万的话，我就去买这些衣服！"

当你在一户富人家中，帮其调试着音响或洗碗机，帮其粉刷、装修或者修理各种物件的时候，你是否曾感叹："为什么他什么都有，而我却什么都没有？"

你是否曾用鼻子抵着旅行社的窗玻璃，幻想着能够出国，来一场说走就走的旅行——不用为工作而烦恼，为金钱而忧虑？

你是否曾渴望坐上高管的位置，拥有百万年薪？

如果你的答案是肯定的，那么能够让这些美梦成真的秘诀已经摆在了我们所有人的面前。

让梦想成真

几年前，我在报纸上开了一个专栏，名字是"成功的秘诀"。

专栏里讲述了一些普通人变得富有的故事。这些事迹讲的不是老套的福特和爱迪生的故事，而是生活在我们周围的普通人的故事，是你我他的故事。

这些普通人向我讲述了他们是如何成功的。而就在他们讲述的时候，我常常靠在椅背上，思考着是什么让他们获得了成功。

假如，他们的成功是借助了什么魔法公式，那这些秘诀都是什么呢？

能不能总结出一个普适的秘诀？让成功可以像数学中的 1+1=2 那样，变得有理可循？

这种秘诀能够对所有人通用吗？还是除非你有特殊的出生星象，或是天赋异禀，才能够把梦想变为现实？

二战中，一个美国大兵坐在战壕里，盘算着返回故土之后，能够自己做一门小生意。"不再为别人工作。"他这样告诉自己。

然后，他想到了凭自己的技术来手工雕刻烟斗，让这些烟斗"既贴合嘴型又彰显身份"。时至今日，他已在北达科他州赚到了第一桶金。

在宾夕法尼亚州伊利市外，一个人摆了个路边摊。所有人只是从旁经过不会瞧上一眼，因为他这个小摊实在是不起眼。他想象着将来能够到商业街上摆摊或开店，那样人们才能注意到他。

结果，他让自己梦想成真了！怎么做到的？他不过是用 1+1，然后得到了 2。稍后，我会把更多的真实案例讲给你听，把那 1000 个人梦想成真的事迹全都告诉你。

1000 个成功的秘诀

一旦某个东西经过了 1000 次的测试，那么你就能从中看出一些共性。

在回顾我的 1000 名读者所讲述的 1000 个成功的故事后，我看到了其中的模式——成功的必然模式！

一个简单好用、类似 1+1=2 的秘诀，对任何人都同样有效。

我暂时的担心是：这一秘诀是人人通用吗？还是只能为少数人所用？

1000 名读者都告诉我，他们只是普通人，只接受过一般教育，背景也很普通，但都有着梦想、希望和心愿。

他们向我讲述了各自想要从生活中得到什么。所有人的答案差不多都是一样的，连顺序也一样，无非是安全感、幸福、快乐、财富、健康和放松身心去外面看一看的机会。

不过，我很快就发现，任何人都有愿望，但是很少有人知道如何去实现自己的愿望。

当他们无意中发现了这一秘诀，便好似获得了神奇的魔力——它就是如此好用，又如此简单。

不要忘记，简单即魔法！

假如我已经是成功人士

你或许已经得到了幸福、财富以及健康，觉得自己已经梦想成真了。那你还担心什么？

前几天，我刚听说了一个故事。故事虽然老套，但仍能回答那些认为自己"该有的都有了，还担心什么"的人。故事是关于已故的箭牌口香糖创始人威廉·瑞格理。

一天，瑞格理与朋友一起乘火车由纽约前往芝加哥。在火车上，朋友问他为什么还继续在广告和营销上砸这么多钱。

"你的口香糖已经享誉全世界了，"朋友说道，"为什么不把花在营销上的这几百万节省下来呢？"

瑞格理思考了一会儿，然后问："这列火车的时速是多少？"

"大概每小时 60 英里的样子。"朋友回答道。

"既然这样，"瑞格理问道，"铁路公司为什么不把火车的引擎拆下来，然后让这列火车凭惯性前进呢？"

我觉得，你我都可以把瑞格理先生的经营哲学运用到我们的工作以及日常生活中。

对于满口"我太忙"的人，我送你5条建议

读一本能让自己更成名、更成功的书，是需要花时间的，所以很多人都会告诉我，说自己太忙了，没有时间读书。

你真的很忙吗？你不过是在忙着与你的朋友、熟人、老板或者员工谈你的工作或是生意罢了。

假如你能把这些"交谈时间"缩短一半的话，你就能有充足的时间去享受生活和读书。

下面的5条建议，能够帮你缩短不论是同朋友、老板，还是客户交谈的时间。

1. 言简意赅。别说废话，10秒钟内切入正题。

2. 说好话。别把时间花在嚼舌根上，这会占用你宝贵的时间，而且还会引发争论和口角。

3. 经常变换话题。整天老一套，对别人来说会很烦。别颠来倒去的就会说那些事儿。

4. 别太锋芒毕露。显得太聪明的话，会招人厌。人们

总是喜欢围攻"啥都明白"的人，他们会给你设圈下套，坐等你翻船的那一天，这些事情会把你的时间都白白浪费。

5. 别忘了说客套话。离开时，向对方说些客套和称赞的话，能给别人留下一个好印象，能让你全身而退，还能在下次聊天时迅速为自己争取到一名倾听者，而不是一位反驳者。

没错，按照以上 5 条建议来做，你就能节省出足够的时间来享受娱乐和读书的时光。

魔法其实很简单

我经常看魔术表演，对这些会变魔术的人佩服得很。我也经常光顾魔法道具店。

我总是试着去破解魔术，可有时候就是觉得，这是不可能的啊！

直到我去买了魔术道具，听到了解释，才发现原来如此简单！

其实，我都觉得有点上当受骗了，因为这个魔术太简单了。

所有的魔术看起来都很难，直到魔术师解释给我们听，我们才意识到自己有多笨。

成功也是如此。当我们看到有钱人坐在宽敞的办公室里，享受着司机接送、吃野味喝好酒的生活时，我们会觉得这样的生活太难实现。

可一旦他给我们讲了自己是如何做到这一步的，我们就会不禁仰面轻叹："为什么我就没想到呢？"

这跟魔术是一样的道理。

魔术师不重复表演

我发现，优秀的魔术师还有一个特点：他们很少重复表演同一个魔术。

他们已经骗过了你一次，他们知道，如果重复表演太多次的话，你就能明白过来。

你就能识破他们的手法，发现原来不过如此。

或者说，你就能发现原来这根本就不是什么魔法。

成功亦如此。如果你看过足够多的成功经历，你就能识破他们的方法。

你就能发现他们的方法是多么简单！

你就能成功！这也正是为什么许多大人物的秘书后来

能成为公司的顶级高管。

　　他们和领导朝夕相处，就渐渐发现了成为领导的方法。

　　所有这些成功的人，都发现了同样的一个方法，那就是——别想"如果"，要多想想"如何做"。

　　别急，我很快就会向你解释这话的意思。

1+1 总是等于 2

第二章

运气这个东西太不可靠

运气重要吗？在成功的征途中，运气好坏有多关键？下面让我们看看1000位成功人士是怎么说的。

我问过1000个读过我专栏的读者，运气对于他们的成功有多重要。

他们都告诉我，运气是靠不住的。比起守株待"运"，主动创造机遇显得更加重要。

他们说，运气也会时不时地降临，但大多数时候，它们来得太快，还没等你看清，它们就已经从你的眼皮底下溜走了。

要不就是，当运气来了的时候，你压根都没意识到它们的存在。

这样看来，在取得成功和梦想成真的过程中，运气这个东西还是很不靠谱的。

机遇会敲两次门吗?

当我把这个问题摆在"成功的秘诀"专栏中提到的那些成功人士面前的时候,多数人告诉我说,即便机遇来敲门了,他们也不会知道。

看来他们是如此执着于创造机遇,以至于当机遇不经意间出现时,他们根本注意不到。

他们告诉我,只有那些整日坐在公园长椅上的落魄之人,才最容易在机遇来临时及时发现,因为他们把一辈子的时间都花在等待运气与机会上了。

所以说,当几分钱的硬币滚落到他们脚下的时候,他们便成了"幸运儿",并迅速抓住了这一机遇。

然而,忙着为成功而努力的人,往往很难注意到滚过来的硬币,因为他们把注意力都放在哗哗飞来、速度快得抓不住的美元大钞上了!

机遇可能会来敲很多次门。

这取决于你能让它上门几次。

我会传授给你一个魔法公式,不仅能让机遇敲一两次门,而且是你让它敲几次,它就敲几次。

拥有好运的人

在传授给你这一万能秘诀之前，让我再给你分析分析，到底是什么让一个人能够成功，又是什么让他的邻居成为失败者。

我问那 1000 位读者，你们的成功有多少要归功于获得了所谓的运气？

绝大多数读者都反问我，你所说的"运气"是指什么？

"机遇，"我告诉他们，"你知道，就是一个人正巧在找你所提供的那样东西，然后就买了你的。"

对于这些已经实现了财富梦想、拥有了幸福的成功人士，我的问题似乎让他们感到无从回答。

他们说，如果说自己运气好，那也不过是自己思考的结果，是正确的想法让运气降临的。

当然，如果有什么好事恰巧发生了，也确实能帮他们一把。

但是他们告诉我，成功不必非得依靠"运气"。

当运气真的来了

实际上，"不走运"似乎比"走运"更有助于取得成功。

逆水行舟能让你更加坚强，让你的大脑思考得更长远、更敏捷，而顺风顺水的生活却往往会让你松懈不前。

不过话又说回来，一旦"运气"来了，你会本能地将其抓住并为己所用。

所以，你一定要随时做好准备，迎接人品大爆发的时刻！

坐在公园长椅上的乞丐的确捡到了那几美分的硬币，但是对于这笔意外之财，他完全没有做好准备，因此他很容易因为缺少计划，转眼就花得精光，最终又成了穷光蛋。即便他捡到了 100 美元，或是 1000 美元，结果还是一样。

可是，如果通过学习，凭借自身经验，或时刻准备着，那么当几美分、一美元、一件工作或是一次升职机会出现时，你就会知道如何充分利用这次好运降临的机会，使收获最大化。

你就会知道如何才能充分发挥"运气"的价值！

拥有想赢的意愿

假如你没有"想赢的意愿",没有渴望成功的意愿,那么任何秘诀对你都不可能管用。

你可能会有各种各样的愿望,可你要是不懂得如何利用它们,你就只能原地踏步,其结果就像你坐上了"旋转木马"。该怎么避免这个问题?这里送你一些小窍门。

1. 动脑子。只有冷静再冷静,你才不会做傻事。

2. 问问题。多问为什么?怎么做?做什么?在哪里做?

3. 像有钱人一样做,然后你会觉得自己好像真的成了有钱人。

4. 全力以赴,一定会有收获。

5. 有激情。激情能点亮人生。

6. 做个勇敢和快乐的人。

7. 今日事,今日毕。

8. 别感到害怕——不论是对自己,还是对明天。

9. 要有信心。信天,信地,信自己。

10. 目标要高,成功不到,追求不止。

通往巅峰的大道已经敞开。成功的花名册上每天都会出现新的名字。

苦难比吊床更有帮助

钱太多，太悠闲，太享受的话，往往容易使人变懒怠。

古罗马人在到达人生辉煌的顶峰时，由于一味贪图享乐，在吊床上躺得太久，所以最后摔得很惨。

躺在吊床上是没法思考的，坐在硬板凳上才能让你思考。

稍后我会向你证明，有多少人是在苦难的逼迫下才取得成功的，是如何被苦难逼到了一定的地步，才下定决心要做出改变，要成功的。

要学会拥抱困境，拥抱苦难。困境和苦难能激励你。你会比在吊床上悠然自得、躺成胖子的人走得更远。

当然，正如你将看到的，当成功来临之时，你必须要清楚地知道，这样你就可以放心地躺到吊床上了。

不过，你仍然要记得的是：在成功途中，苦难比吊床更有帮助。

别全靠运气

千万别只依靠运气。

如果运气来了，那么随时做好迎接的准备。就是别说什么"如果运气来了""如果我有机会"之类的话。

正如俗语所说，空想若能成真，乞丐都能发财。

战壕里的年轻士兵多克斯没有说如果怎么怎么样，他坐下来考虑的是如何去做。

他想弄明白如何才能自己做点生意，如何才能自力更生。

结果，他真的成功了。

乔治·布雷斯代只有两名员工和价值 260 美元的二手设备，可是针对需要吸烟的士兵们，他想到了一个好主意，于是发明出了 Zippo 打火机！

结果，他也真的成功了。

思考"如何做"，而不是幻想各种"如果"，这使得他们成功地开创了自己的事业。

想想如何做，也能让你梦想成真！

就看你如何思考了

第三章

哪有那么多人来"拉你一把"

我常常想知道，得到一份工作、一次升职、一单生意，或者一笔巨款到底需要多少人的提携？所以我问了很多成功人士。

他们告诉我说，没有多少人能拉你一把。如果你一味地坐在那里，指望别人拉一拉，你才动一动，那么你将一事无成。

这正是坐在公园长椅上的乞丐所犯下的最大错误。

他想的是：要是我能得到贵人相助就好了。

乞丐看到豪车飞驰而过，看到人们出入高档餐厅，就觉得这些人是有贵人相助才成功的。

他感到难过，因为他认为永远没人会来拉他一把。

这就是他所犯的错误：坐在原地，等着运气和机遇的降临，等着有人来拉他一把。

成功之人永远是自己拉自己！

公园长椅上的梦

当你坐在公园里的一条长椅上，睁着眼睛，做着白日梦的时候，你永远不知道下一秒会发生什么。

一天，一个叫普拉默的士兵正坐在一个车站对过的一条长椅上。因为又累又穷，所以他决定去管理这个车站的电车公司找一份工作。于是，他成了这里的清洁工。

后来，普拉默成了这家在美国南部数一数二的公司的高管，要不是因为犯了一个错，他根本不会在那一天出现在对面公园的长椅上。那天，他碰巧迷路了，走到了郊外，这才来到了那个公园，并且看到了对面的车站。

可是，那次错误却成了普拉默的"成功秘诀"，因为他充分利用了手中的机会。晚上，他会到夜校去学习，之后，还去一所著名的商学院接受了商务培训。

因此，普拉默一路稳稳地坐到了公司高管的位置。但是，夜晚的努力和商务课程并不是故事的全部。

最近，作为在公司待得最久的人，普拉默参加了为他举办的庆祝会。

对于一个源自公园长椅上的梦想，这难道不是最辉煌的时刻吗？

你可以为自己制造"拉力"

一旦你知道了魔法公式，很快，你就能知道如何去制造足够多的"拉力"。

但是，"拉力"和运气一样，都不可靠。

一位将军受邀进行演讲。他并不知道该讲些什么。

走进一间会议室的时候，他注意到门上写着：推。

面对着台下的听众，他说："如果你们转过身来，看看大门上的提示语，就能从中发现成功的秘诀。"

听众转身看了看大门。不消说，他们看到的是大门内侧的字，而不是将军从外面所看到的字。

他们念道："拉。"

"拉"不是成功的秘诀，"推"才是

这个将军的想法是好的，只不过不小心弄反了。

他很清楚，使人成功的是"推"，而不是"拉"。我所采访的那 1000 位成功人士也深知这一点。

你能推着自己往山顶走。

让人把你拉上去就太难了。

推一辆手推车很容易，但是想要拉动它就不那么容易了。

随便看看任何一位会干活的工人就知道了。

他们都是采取推的方式，而不是拉的方式。

不信你可以自己试试。

别人拉你的程度有限

没有多少人能拉你一把。

别人的帮助是有限的，很少有人能享受到。

即便有些人真的得到了，他们往往也会搞砸，因为"拉力"会削弱你自己的努力！

想要从老板、客户、朋友、上帝那里得到恩惠，不过是白费时间罢了。

记得去"推"，而不是"拉"。你的老板、客户和朋友可没有那么多恩惠来给你。

别人拉你的程度有限。

问问坐在公园长椅上的乞丐，他已经把一辈子的时间都花在等待从未到来的"恩惠"和"运气"上了。

他自身的动力太小，所以就算有人拉了他一把，他也走不远。

如果他能更多地依靠"推"的力量，也许就不会混得像现在这么悲惨了。

"拉"只对鞋带管用

"拉"也就在穿鞋的时候能派上用场。

拉着鞋带能让你更方便地把鞋穿上。

这是你掌握的知识赋予你的"牵引力"。

你自身具备的"牵引力"是良性的，而别人给予你的"拉力"则不是。

你可以凭着自身的牵引力，爬上通往成功的阶梯！

在你爬梯子的时候，自下而上的推力并不怎么管用。你靠的是自身的牵引力，是意志力把你牵引上去的。

总之，切莫依赖"拉力"，而应该多多借助自身"推力"的作用。

柯蒂斯·桑福德被亚拉巴马州的一家药店炒了鱿鱼。他告诉老板，总有一天，他会开着装有黄金挡泥板的凯迪拉克回来，到时候，保准老板会屁颠屁颠地出来伺候他。

随后，柯蒂斯去了得克萨斯州，不过不是坐着凯迪拉克，而是乘大巴去的。他可没什么贵人可以指望。不过，他想到了一个主意。最终，他创造了另外一个"玫瑰碗"赛事，那就是现在非常著名的大学橄榄球"棉花碗"赛。

柯蒂斯得到了很多"推力"。他做得太成功了，以至于达拉斯市的官员们最终找上门来，正式承认了这一赛事，这让柯蒂斯声名大噪。当我上次见到柯蒂斯的时候，他的凯迪拉克上并没有金子做的挡泥板，但是车前的喇叭看起来倒很像金子做的！

我敢打赌，当他在之前的那家药店门口停车时，肯定把喇叭摁得特别响！

我是不是应该换一份工作？

有些人觉得，自己在现在工作的地方得不到应有的提携，所以就跳槽了。工作中是否有人能拉你一把，这不是最重要的。在你考虑换一份工作的时候，什么才是重要的呢？

有趣的是，跳槽并不总能解决问题。在新奥尔良工作的时候，你觉得这里太热，可是到了明尼阿波利斯，你估计又会抱怨这里太冷。

　　不管你是跳到另外一个看起来更好的地方，还是仍旧固守目前的工作，你都能做得很棒。在决定跳槽之前，不妨问问自己以下几个问题，这样你就能知道，在使用我的魔法公式之前，是否应该换一份工作。

　　1. 我是否具备足够的经验和水平来适应新工作？

　　2. 长期看来，如果换工作，我能不能获得比现在更高的薪水？

　　3. 换工作后，工作条件能像现在这样舒服吗？

　　4. 换工作后，能像现在这份工作一样稳定吗？

　　假如你的答案有不止一个"肯定不能"，那么一般来说，你最好还是维持现在的工作。即使你所有的答案都是肯定的，也不要急着做决定。

　　假设新的工作在一两年的时间里就结束了，那么你要想想，到时候你能过得比现在好吗？还是比现在差？要想成功，你就得承担风险，但是仅凭运气的话，你绝对不会有太大的成功。

　　一旦你已经决定要伺机而动，那么就别拖延，要不你就可能与机会擦肩而过！

　　成功者总是靠想象力来眺望未来，靠常识来擦亮双眼，靠勇气来做出决定！

四个字教你如何获得"拉力"

你真正需要别人给你的"恩惠"，就是别人能够喜欢你。如果你也这么想的话，那么我送给你四个字，教你如何获得这样的恩惠。

"知而后言。"

这句格言是一个朋友送给我的，我很喜欢。

这四个字讲出了能让任何人获得成功的秘诀。

只是，不论是在生意场上还是在家里，我们面对别人总是先言而后知。

我们动不动就大喊："你不懂！"

这就像穿了一只鞋在裸奔。

假如我们能多听对方讲一两分钟，我们或许就能理解对方的观点，那么我们的发言也就会更有针对性。

因此，我的建议是，要想得到别人的恩惠，在你开口交谈之前，应该努力了解对方的为人、观点以及想法。

如此一来，对方就会更愿意倾听，你也就能得到他的帮助。

"推力"和"拉力"都无处不在

当你把得到"拉力"看成是得到别人的好感，那么你就能理解为何"拉力"是无处不在的。

不过，过于依赖"拉力"可不是什么好事。在得不到"拉力"的时候，往往是"推力"能帮你一把。

假如你只是坐在那里，说："如果有贵人相助，我就能成功。"这样的话，就连"推力"也帮不了你。

所以，别再认为拉力是必不可少的，有的话自然好，但是别忘了：

"使劲去推门，或者用力去拉门，前者更容易把门打开。"

当你推门的时候，你是一直往前走的。当你需要拉门的时候，你就必须停住脚步，倒退几步，直到把门打开。

因此，要学会如何制造"拉力"（交朋友）和"推力"。

"推力"能把火箭一路送到月球附近——
只有接近月球表面时，"拉力"才开始发挥作用。

第四章

要想成功，就得生来富贵？

生来富贵对成功有多大的影响？金钱能买来成功吗？

你能把自己继承来的财产装进桶里，然后论磅来买成功吗？

钱能"生钱"吗？

作为一名新闻人，我经常四处出差，看见周围全是有钱人，全是事业有成之人，我心想，也许正是因为他们有钱才能拥有这一切的。

因此，我做了一些调查。

例如，通用电气公司的前任老总查尔斯·威尔逊，他曾经一周只挣 4 美元。

1920 年，约翰·P.曼斯菲尔德还是工厂的一名工人。到了 1952 年，在美国这片"机遇的沃土"上，他已经成了普利茅斯汽车公司的总裁。

同样，查理·施瓦布（卡内基钢铁公司的第一任总裁）一开始还只是个推二轮车的。

箭牌衬衫的总裁也曾是一家零售店的员工。

文森特·雷吉奥，如今好彩香烟的总裁，曾经是一名理发师，后来是好彩香烟的一名销售人员，最后，他成了这家公司的总裁。

所有这些人，一开始都没什么钱。

金钱可能会使你懈怠

金钱容易削弱你的进取心，让你不再奋力拼搏。你一旦放松下来，那些慢吞吞的乌龟，那些埋头苦干的人，很快就会超过你。

赫尔希，好时巧克力的创始人，曾经一度在马车上售卖他的巧克力。他一开始同样也没有什么资本。

瑞格理，箭牌口香糖之父，曾经一度靠挨家挨户地推销肥皂来维持生计。

如果他生在富贵人家，他或许就不会有这种动力来创建著名的箭牌公司，又或许根本不需要什么动力。

金钱常常诱使你进入过度放松的状态，这时，其他人就会超过你，最终登上成功、名望和财富的顶峰。

金钱不是必需的

美洲银行之父贾尼尼，也不是生在富贵人家。

他很缺钱，所以他靠在货车上卖菜来积累资金。

大西洋与太平洋茶叶公司（A&P）的创始人，约翰·哈特福德，将一家小店发展成拥有 15000 家 A&P 连锁店的大企业。

华尔道夫酒店的传奇餐厅主管美食大师奥斯卡·奇尔基，原本只是餐厅的一名服务员。

拉尔夫·西克斯，纽约客酒店的前任总裁，原来也只是一名服务员，也不是生来就有钱。

这样看来，金钱似乎不是成功的必要条件。

看看你周围那些成功人士的背景，你常常会发现，他们原本都是穷人家的孩子。

所以说，别抱怨自己不是含着金汤匙出生的，因为越是这样，你成功的机会就越大。

金汤匙很快就会失去光泽

金钱会给你一种错误的安全感，也就是说，一旦生来富贵，那么你就认识不到金钱到底有多重要。

但是，就像我刚刚提到的那些成功人士，你通过自己的努力挣到了钱，你或多或少就会知道如何把握和珍惜这笔钱。

金钱的价值是相对的！

你懂得挣钱有多难，所以你就不会轻易让财富消失。

金汤匙很快就会失去光泽。很多含着金汤匙出生的人，不久就把财产挥霍一空。

很多继承了丈夫财产的寡妇，也很快就一贫如洗了。

如果你出身寒微，必须通过自己的努力来挣钱的话，你应该感到庆幸！这样得来的财富更有意义，也会给你带来更多的幸福。

我在报纸专栏上记录的 1000 个成功的故事都证明了这一点。

怎样才能借到钱

有时候，你可能会需要一些启动资金。

借钱是常事，任何银行人员都会这样告诉你。

下面有四条好用的建议，一旦你需要贷款（不仅仅银行贷款），可供参考。

1. 提前想好面谈时应该怎么应对。

2. 上来就清楚地说明你需要贷款做什么，需要借多久，你打算如何偿还。

3. 备好抵押品。

4. 你做不到的，就别承诺。

怎样维护个人信用记录

一旦你借到了钱，你就要小心维护自己的金融信用。具体怎么做呢？

最最重要的一点，按时偿还贷款。

信用是关乎你未来成功的重要因素。

所以说，建立一个良好的信誉，以后银行或贷款人会欢迎你再来贷款的。

拜访你的信贷员，努力去了解他，也让他更了解你。

跟认识的人做生意要容易得多，而你的信贷员肯定是你想要认识的人。

而他肯定也想认识你。

金钱不会自动工作

正如我已经提到的，金钱本身没办法把你的发财梦变成现实。

因此，取得贷款之后，不要往椅背上一靠，觉得这样就行了。

更不要往椅背上一靠，期待着一罐金币会神奇地出现。

听着收音机就能发财的机会是非常渺茫的。

很多人原本可以坐等有钱的亲戚死后，好继承他的财产，但是在这之前，他们已经通过自己的双手挣到了钱。

著名影星埃里克·约翰逊，曾经挨家挨户地推销真空吸尘器。

他既没有钱，也没有可供贷款的抵押品。平·克劳斯贝、鲍勃·霍普以及其他很多影星也没有。

但他们都靠自己赚来了钱。

你知道吗？

如今，已经成立了一个由3000人组成的"霍雷肖·阿尔杰奖"委员会。

这是不是能够说明，美国这一鼓励成功的传统并未消亡？

曾经获得这一奖项的有：

拉尔夫·本奇，1950年诺贝尔和平奖得主，也是第一个获得该奖的黑人，靠给人看门获得了读大学的机会。

弥尔顿·艾森豪威尔，宾夕法尼亚州立大学的校长，原本只是个农场的孩子。

詹姆斯·J.克里根，默克集团的前任总裁，刚开始工作的时候，每周只有3美元的薪水。

查尔斯·凯特灵，通用汽车的研发主管，曾经做过电话接线员。

托马斯·E.米尔索普，韦尔顿钢铁公司的总裁，一开始只是个工人。

诺曼·文森特·皮尔，著名的牧师和作家，原本只是俄亥俄州一个小镇上一家杂货店的孩子。

W.A.罗伯茨，艾利斯·查默斯公司的总裁，在奥索卡的一处农场自学成才。

请记住，霍雷肖·阿尔杰的时代和他的精神并没有消亡！

梦想不是金子铸就的

教育水平是成功的必要条件吗?

拥有最多学历证书和最多藏书的人，就能成为最成功的人吗?

"不是的。"——我问过的 1000 个成功人士这样回答。

毫无疑问，能够接受更多的教育并不是什么坏事，但是这无法保证你一定能够成功。

"书本知识"是一回事，而"实际经验"又是另外一回事。

事实上，比起那些仅仅接受过正规教育的人来说，有实践经验的人能够更快地获得成功，也能在成功的位置上待得更加长久。

学校教育很重要。

但日常经验似乎更加有效。

以福特为例

我听说，亨利·福特仅在所谓的语法学校接受过六年的学校教育。

然而，福特却挣了大钱，有了朋友，并且为人类做出了很大的贡献。

大学教育是否能够给他更大的帮助呢？

他真的能比现在还厉害吗？

他用自己的福特汽车改变了整个人类的生活方式。

他使得郊区的存在成为可能，让农场变得更加适宜居住，还为修路工人创造了大量的工作。

我觉得，对于没有受过正规教育，福特没有感到一丝一毫的自惭。

他从未上过大学，却没有什么可遗憾的！

比教育更重要的 7 条准则

虽说教育水平不是成功的必要条件，但是听我的，不要跳过正规教育。以下有 7 条人人适用的准则，能够帮你为未来打好基础：

1. 努力创造比老板支付给你的工资更多的价值。想想自己如何能够做得更多，而不是更少；想想自己如何能够做得更好，而不是如何应付过去。

2. 研究周围的人。做一个好的倾听者，你就会成为一个好的领导者。

3. 发挥主动性。即便有时候做错了，但是通常来说，做点什么总比什么都不做好。

4. 远离琐碎的办公室政治。议论别人常常会让原本愉快的关系发生破裂。

5. 有礼貌。对人礼貌不会花你一分钱，但是你能从中得到的收获却往往是惊人的。

6. 值得信赖。如果要在一个轻率的天才和一个稳重的劳动者之间做出选择的话，当老板的通常会选择那个可以让他放心托付每日工作的人。

7. 清楚你想做什么，该往哪个方向努力。

如何成为有教养的人

答案就在纽约一家餐馆的墙上。一条死鱼标本旁边贴了这样一句话："听我一言——如果当初我紧闭双唇，今天也就不会出现在这里！"

大嘴巴是没办法学会礼貌的。闭上嘴，这样你才会更有教养。

大自然从一开始，就把人类的嘴设计成关闭状态，耳朵则是开启状态。讲 10 秒钟，然后倾听 10 分钟。

H. K.柯蒂斯，著名的杂志出版商，就很好地做到了这一点。年轻时，作为一名广告推销员，他总是确保自己能够迅速而完整地讲清自己的意图，从而留给客户充分的思考时间。

然后，他会迅速起身，朝门外走去。他希望客户能够明白，自己不会占用他太多的时间。

柯蒂斯并没有因此显得粗鲁而失礼，同时又能完整地介绍出卖点。他只是省掉了不必要的废话。最重要的是——他知道何时应该闭嘴。

小查尔斯·T.利普斯科姆，白速得牙膏公司的总裁，也深知在客人感到厌烦之前及早住口的重要性。利普斯科姆讲述了他还是一个年轻的推销员时，在去往田纳西途中的一个故事。

一个老人坐在自家商店门口的木桶上，听他做了很长时间的推销。最后，他告诉利普斯科姆：

"年轻人，我喜欢你的产品，并打算买下来。但是我得给你一点儿建议，你讲得太啰嗦了。"

在推销时如此，在做其他事情时也同样如此——别因为话太多而错过成功。听听对方有什么想说的，你能学到很多。

学历不高的情况下，如何两步走向成功

受过正规教育当然不会有什么害处，但假如学历不高，也是可以通过野心和干劲来弥补的。

只要足够努力，任何头脑清晰、想要成功的人，都能登上人生的巅峰。

这是我这些年来通过观察得出的结论。现在，越来越多的社会学家也开始认同这一看法。

你会发现，尽管文化水平不高，但是大多数成功者都具备相当大的干劲。

查尔斯·E.威尔逊，通用电气公司的前任总裁，高中都没有毕业。

乔治·巴顿将军，美国最伟大的将军之一，他的学业似乎很差劲，因为别人四年就能完成的西点军校课程，他

用了五年才得以毕业。

作家托马斯·曼也并不是一个多么出色的学生；阿尔伯特·爱因斯坦很晚才学会走路。

我还能举出上百个其他成功人士的例子，但是以上这些例子就能让你记住成功的秘诀。

一个朋友这样说："富人不过是一个有钱的穷人罢了！"

努力工作，你就能像下面的人一样，由穷人变成富人！

以汤姆·爱迪生为例

幸运的是，爱迪生并没有被正规教育束缚住。

否则，他可能会像其他受过学校教育的工程师一样，觉得发明灯泡是不可行的。在工程师看来，这种看着像一个大黄蜂一样的东西根本不可能工作。

他们还告诉莱特兄弟，机器是飞不起来的，但是兄弟俩恰恰缺乏这样的知识，只是闷头钻研，最终发明出了飞机。

假如汤姆·爱迪生真的进入了一所工程学校，或许他能更快地发明出留声机来。

但是，那些人只会再一次以工程师的经验劝他说，你是发明不出来的。

　　我只知道，在爱迪生做了 10000 次尝试后，仍然失败了，面对他们的话，爱迪生只是回答了一句："如今我知道了哪 10000 种方法是不可行的！"

别绕过教育

　　别总是后悔自己没有在专业的老师那里获得过书本知识。

　　没有老师的督促，没有每日固定的学习时间，没有一间教室，很多人往往不能用功读书和学习。

　　但有些人可以在家里接受函授教育，能够通过自学来弥补。

　　不论哪种方式，教育都是有助益的。

　　通过阅读报纸、商业杂志和书籍，跟你去学校一样，都能学到足够的知识。

　　尽管福特、爱迪生和莱特兄弟等人并没有机会进入大学学习，但他们却像任何大学教授一样知识渊博。

　　教育不是只有在常春藤的讲厅里才能获得。

　　在卧室里也可以。

教育到底是什么?

教育可以是关于某一学科的专门知识,这些知识只有从书本中才能获得。

也可以指通过给经验丰富的师傅当学徒而接触到的那些技能。

有些职业需要经过正规教育才能胜任,例如医生,他们需要在行家的手下接受训练。

不过,一些优秀的律师,例如林肯,则是自学成才。

对我来说,教育就是懂得如何获得知识。

你无法在学校里学到所有的知识,但是只要你学会了一件事——学会了到哪里去获取你所需要的知识,那么你就能取得成功。

在法庭上,当对方的律师想要证明亨利·福特因为缺乏正规教育,所以肯定什么都不懂时,亨利肯定狠狠地回击了他。

这位律师向亨利问了很多刁钻的问题,然而亨利只是回答:"我雇了人来帮我回答这些问题。"

所以别纠结于没有受过教育了

通过前面的讲述，我们已经快要讲到万能秘诀了，而我的这个万能秘诀，并不要求你一定受过正规教育。

通过跟这么多取得成功、积累了巨额财富的人交谈之后，我已经确信接受正规教育不是成功的必要条件！

别觉得福特、爱迪生、沃纳梅克那些人的日子已经一去不复返了；别觉得我们已经不能像"过去那样"闷头发财了；也别觉得如今只有大企业才能积累到财富。因为，稍后我会引用很多真实的事例，告诉你普通人今天一样能够成功！

他们之所以能够赚大钱，是因为他们思考的是"如何做"，而不是"如果"。

最实用的学位只有通过"苦难大学"才能获得

第六章

成功取决于你出生的地方吗?

生在北方的人会比生在南方的人更容易成功吗? 气候跟成功有没有什么关系?

你所呼吸的空气会影响到你的成功吗?

你出生和成长的那片土地里的矿物质,会通过饮食进入你的体内,从而决定你的成功或失败吗?

我觉得不会。

我在"成功的秘诀"专栏中提到的 1000 位成功人士,分别来自不同的州,有些甚至来自非常偏远的地区。

然而,他们都在自己的领域做到了功成名就!

炎热不是障碍

天气炎热可能会减慢你的速度,让你的行动变得迟缓,但它不会阻碍成功的到来。

牛顿在那棵苹果树下迷迷糊糊地坐着,显然是天气所致，但是当一个苹果掉下来，砸到他头上的时候，他开始思考起来。

当时，他的身体可能因为夏季的炎热而倦怠，但是他的大脑却仍是高度活跃的。

跟热带地区的夜晚相比，漫长而寒冷的冬夜可能更加适合学习，但是这并不意味着，热带地区的人们就不容易成功。

一个是要午休三个小时的墨西哥人，一个是没事就得跑步来御寒的加拿大人，这两个人都能够成功。

天气对成功来说并不重要。

以四处出差的推销员为例

你可以把一名优秀的推销员派到世界上任何一个地方。只要他在一个地方能够做好，在其他地方通常也能做好。

当然了，在不同的地方，他的成就可能会有所不同，但是不管怎么说，在一个地方取得的成就，到了其他地方仍然能。

要是把一个差劲的推销员派出去，派到一个能够让他发挥最大效率的地方，你往往也会发现，他仍然是一个不怎么样的推销员。

气候环境能够影响到一些人，但总的来说，人们在任何地方都能取得成功，只要他们能够逼迫自己去思考"如何做"，而不是思考"如果"。

不信，你可以问问任何一个销售经理，问问他们的推销员是否如此。

连锁店也是明证

一旦一个人的想法在一个地方得到了验证，那么他往往能让这个想法遍地开花。

这就是为什么连锁店会遍地都是。

一旦这个想法能在一个城市成功，那么也可以在任何其他城市成功。

当然，有时候，有些餐馆不愿意走出纽约，不过这是少数情况。因为，一旦梦想家在一个城市里用钢筋水泥筑起了自己的财富城堡，那么去别处建造这样一座城堡也不会很难。

现在有食品连锁店、轮胎连锁店、汽车连锁店、银行连锁店以及借贷连锁店，气候很少能够影响它们。

杰西潘尼在 150 个城市里拥有连锁店，W.T.格兰特也是，还有西尔斯百货。

所以，在你自家的前后院和街道上寻找你的成功吧！

这里的机会跟纽约、伦敦和巴黎一样多。

没错，只要你不提"如果"，只考虑"如何做"。"如何"二字乃是每个连锁店老板讲得最多的两个字。

他们说："我们如何在孟菲斯市开店呢？"

成功是什么？

你知道，成功并不意味着有钱，也不意味着能够娶到一个有钱的寡妇或是嫁给一个帅气的王子。

成功可以有很多种。

你知道吗，成功就是得到了自己最想要的东西，不论是金钱、婚姻、新衣，还是新房子。

成功就是实现你最大的心愿。

这就是为什么，虽然要午睡很久，南部的美国人也可以成功。对他们而言，比起白天没有机会睡觉的人，他们能够在白天午睡这么久也算是一种成功。

所以说，成功是相对的！

气候没有什么影响

对一个常年挤在一间冰屋里生活的阿拉斯加人而言，要是能有两间冰屋的话，就是成功。

对于一个单身、收入一般的法国人，要是能够拥有一个漂亮老婆，能听着音乐喝着香槟，这就算是成功。

对于德国人而言，能拥有更大的住宅和更多的孩子，就算是成功。意大利人、荷兰人、美国人，他们对成功都有各自不同的定义。

北方人可能觉得南方人的生活节奏太慢，但南方人却觉得北方人脚步太快，太过忙碌。

你看，一个人所处的气候环境，可能会影响他对成功的看法，但并不会干扰他为成功所做出的努力。

如何记住别人

虽然出生的地域对你是否能成功没有什么影响，但是在你所到之处，能不能记住所见之人及其名字，却是关乎你成功与否的重要一点。

让我告诉你 5 个记忆人名的简单方法。

1. 不管何时听到一个人名，都立即重复一遍，这样会帮助你加深记忆。

2. 在跟新认识的人交谈时，至少称呼他的名字两三次。

3. 在称呼对方名字的时候，总是在脑海中想象对方的样子，这样会进一步帮你记住他的名字。

4. 把当天所接触到的新名字全部写下来。

在心里默默记住他们的衣着打扮和你们的聊天内容，并再次回忆一下他们的样子。

5. 试着回忆新的人名和人脸，并将人名和对应的人脸结合起来一起记。

坚持使用这种记忆方法一个月。你可以用这种方法来记忆人名，也可以用来记忆所有你想要记住的事情。这样，你会发现所有人名和事情都是如此简单好记。稍后我把魔法公式传授给你时，你还可以用来记忆这一秘诀。

我原本应该现在就把这一秘诀告诉你，但是就像在学校学习一样，要循序渐进。

假如你跳过现在的心理辅导，直接去翻看万能秘诀的话，无疑会减弱秘诀的成功效果。

喜欢哪儿就住哪儿

也许你所认为的成功是在帝国大厦的最顶层拥有一间宽敞的办公室。

也许是在南太平洋的小岛上拥有三个仆人。

也许是每年拥有三周而不是一周的假期，或是每年夏天能到迈阿密而不是普莱西德湖度假。

你所认为的成功，对我来说也许不是。

所以，喜欢哪儿，就住在哪儿吧。

鞭炮在哪儿都是一样响

第七章

年龄因素对成功有多重要？

年龄似乎对成功来说没有什么影响——13岁的男孩发明了削皮刀，老奶奶成了画家，还有很多人在中年以后才获得成功。

前几天，在休斯敦的西南商学院，我在他们的毕业典礼上做了一番讲话，并且介绍了魔法公式。

我是这么想的，这些年轻人马上就要步入社会了，可能想要学习关于如何成功的六个步骤。

让我感到惊讶的是，之后有十多个上了年纪的男士、女士，有家长也有老师找了过来，他们对我说得最多的就是：

"我真希望自己30年前就能知道这六个步骤，现在已经太迟了！"

因此，我觉得我有必要纠正他们的错误观点，告诉他们，也告诉你：年龄跟成功没有什么关系，晚了30年并不算"太晚"。要知道，绝大多数成功都是在中年以后取得的。

克莱德·菲利普斯，菲利普斯学院的拥有者，在十几岁时就创办了学校，当时只有一个班，共计 3 个学生。如今，他已经有了 1250 个学生。

成功与年龄无关

即使小男孩小女孩也能证明这一点。我曾经提到过发明了土豆削皮刀的汤姆·布兰查德，当时的他只有 13 岁而已。

你也听说过著名的女画家，摩西奶奶，她 60 多岁才开始作画，并且成功了。

温斯顿·丘吉尔也是如此。

亨利·福特也是在中年以后才成功的。

让·西贝柳斯是在 86 岁成功的。他在有生之年听到了自己被誉为一代交响乐大师。

世上有些伟大的画家和商人，40 岁之前还一事无成，有些人直到 50 岁，60 岁，甚至 80 岁，还是个失败者。

年龄能助你一臂之力，而不会拖你后腿！

"吱吱响"的牛排

没人知道是谁发明了会吱吱响的牛排，但人们提到这种牛排总会想到我，因为我的口头禅就是："牛排的卖点是牛排的吱吱声。"

我深信，如果一块牛排能够发出吱吱声的话，就一定能够卖得更好。因为这样的话，你能看见它吱吱地冒油，听见它吱吱作响，同时闻到诱人的香味，你就会更加迅速地做出购买决定。

得克萨斯州达拉斯市的安迪·布洛克斯，可能是最先制作出了会吱吱响的牛排。他的做法过了好几年才流行起来，但是如今他已经成了一家规模很大的"吱吱"牛排店的店主。

与此同时，年轻的吉恩·阿斯肯纳西，一名退役士兵，也有自己的梦想。他的梦想是为所有希望"吱吱"牛排卖得更快的餐厅制作盛放这种牛排的盘子。

因此，年逾50的安迪，以及不到30岁的吉恩，都成了人生的赢家。一个卖的是"吱吱"牛排，而另一个卖的则是盛放牛排的盘子。

这两个人，一个年老，一个年轻，都成功了。

时间对成功来说不算什么！

年龄是什么？

你多大了？

这个问题有三种可能的回答方式。

1. 你的年龄。也就是从你出生之日到现在的时间。

2. 你的健康。有人只有20岁，其身体状况却像老人一样；有人到了70岁，身体状况还很年轻。你的"健康年龄"比你的"实际年龄"更加重要。

3. 你的心理。有人只有20岁，心理年龄却很老；有人到了60岁，还敢从马上跳下来。你的"心理年龄"比你的"实际年龄"更加重要。

所以说，当有人问你多大了，这个问题其实很难回答。

你不好说，我实际年龄65岁了，但是自认为像20岁的小伙子一样年轻。

但是，只有涵盖了以上三个方面，你的回答才更加准确。

真正的年龄缺一不可！

人总是会变老

很久以前，假设那时候是古罗马时期，你才 24 岁。

因为伤病的原因（当时的医学水平还不行），你不到 30 岁就过世了。

而自从1900年以来，人类的平均寿命就延长了很多年！

如今，人类活到六七十岁已经稀松平常。

这还是平均水平！

如果你的腺体和动脉仍然年轻，心智也很年轻的话，你有可能会超过这个平均寿命。

人的寿命越来越长了。政府统计显示，年龄在 65 岁以上的人群数量，很快就会达到有史以来的最高值。

保险行业很快也会认可这一数字。

最近，俄亥俄州立大学的一个心理学家声称，当你的年龄在 80~89 岁之间时，你的年收入很有可能达到 100 万美元，甚至更多。

H.C.雷曼博士在美国心理学会年会上展示的统计数据显示，一般来说，在政治、外交、高校、军队、工商业以及法院中，成为显要人物时，其年龄通常都在 50 岁以上。

他把年收入达到 5 万美元及以上的人群单独划分为一类，即年龄在 60~64 岁的人群。

现如今，在 55 岁或者 60 岁退休是很不明智的。你才刚刚开始呢！

所以，装上新的假牙，换个新的助听器，戴上假发，让生活重新来过吧，只是这次，你可以带着更多的经验上路。

正如萧伯纳所说："青春的最大悲哀，就是被浪费在了年轻人的身上！"

给 45 岁以后的你

当你度过了自己 45 岁的生日，要想继续保持良好的状态，不妨记住以下这些建议。

1. 多留心那些强调经验的招聘信息。

2. 多留心那些对经验要求过高，超过其年龄限制的招聘信息。比如，一些招聘信息要求年龄在 35 岁以下，但是要求的经验很少有人（千分之一的概率）在 35 岁时能够具备。有时，你往往能够应聘到这类工作，因为你具备相关的经验，而且显得比实际年龄要年轻。

3. 在跟招聘方交谈时，多强调自己的经验，忘记自己的年龄。

4. 注意自己的外表。穿得传统一点儿，别穿年轻人的衣服。

5. 保持良好的身体状况。如果有必要的话，节食也没什么好怕的。帅哥都是瘦子，美女都很苗条。

6. 多用脑，但是别显露出自己的年龄。

假如你年纪更大了——试试推销怎么样？

很多人上了年纪之后，就不再适合一年到头坐办公室的工作。这时，他们往往能够在销售领域找到很多工作机会，可是他们会问："我怎么知道自己是否能做销售人员呢？"

即便我具备了这么多年的推销经验，这个问题依然很难回答。不过，对于我所认识的每一位成功人士，他们的成功都离不开三种品质。

第一种就是仪表。当然，你不用非得是一个帅哥或美女，但一定要干净利落，关键是要面带微笑。

第二种是具备说话让人听了很舒服的能力。你不能太过频繁地拍马屁，但人们确实喜欢听别人夸自己。

第三种是你必须喜欢跟人相处，并拥有取悦别人、理解别人并服务别人的强烈意愿。

如果你想成为一名销售人员，那么很重要的一点就是，你可以同时兼具以上三种品质。你只需要展现自己最有魅力的一面，发挥出自己的口才，展露自己全部的实力，这样你就可以成为一名成功的销售人员！

关于成功的一首小诗

除此以外，如果你想要了解更多的细节，这里有我最近刚读过的一首小诗，正巧总结出了一个优秀的推销员还应该具备的一些品质。

思考深入一点儿，

谈吐温柔一点儿，

关爱更多一点儿，

笑容频繁一点儿，

工作努力一点儿，

给予而不求回报，

付款及时一点儿，

祷告虔诚一点儿，

对人友善一点儿。

这就足够了！遵循这些简单的建议，我敢打赌，你一定会在销售行业大获成功。不仅如此，你在任何行业都可以获得成功。你，会成为人生赢家！

领社保的日子

如果你问我，为什么很多人在40岁，50岁，甚至80岁以后，才获得成功，挣了大钱呢？我会说，这些人最大的资本就是他们的经验。

经验可以说是他们的社保。

要活这么大岁数，没有吃点苦、受点伤是不可能的。

这也是教育的一部分，而且只能通过经验逐步获取。

埃齐奥·平扎，到了快60岁，也就是所谓的退休年龄时，才成为影视界的浪漫歌唱家。

所以，当你的老板给你举办了一场宴会或是送你一块手表，奖励你"20年的忠心工作"，然后拍拍你的后背，让你尽情享受退休生活，并开门跟你告别时，使劲嘲笑他吧。

把手表收下，但是别忘了嘲笑他。

你或许还有 15、20、30 年的时间来做出更大的成就。

别计划着以后没事钓钓鱼就行了，你很快就会感到厌烦的。

可以去旅行一段时间，不过不能把 20 年的时间全部花在旅行中。

随便做什么都可以，就是别退休，那将是你等死的开始。

你可以推销你的经验。当你的年龄以及年龄所能带来的实际经验正是别人所需要的，那时，你的假牙、助听器和假发就都无关紧要了。

是的，想想摩西奶奶！ 80 岁时竟然成了画家！

推销你的经验，而不是你的年龄

第八章

成功只有在大城市才会实现吗？

大城市确实能够成就一番大事业，但是小地方也同样可以！就看你自己追求的是什么。

很多人错误地认为，要想取得巨大的成功，只有生活在大城市，大人物都来自大城市。

他们认为，机会只存在于大城市，只有大城市才有遍布黄金的马路、收入丰厚的工作，才有帅哥和美女！

他们错得有多离谱！

一旦他们发现大城市往往是由小地方的人组成的，马上就会意识到自己的错误。

他们立刻就会发现，大城市的街道似乎更长、更宽，但也更冷漠、更不友好。

没错，大城市确实能够成就一番大事业，但是小地方也同样可以！

就看你自己想要寻找的是什么。

你自家的后院

在自己后院找到的成功机会，也许比在气派的前院找到的更多。

在厨房能比在客厅完成更多的工作。

罗素·康维尔博士在其《钻石就在你家后院》一书中，讲述了一些人周游世界去寻找爱情和财富，结果回到家才发现，原来爱情就在隔壁，而财富就在自家后院中。

爱闯荡的人总是四处去寻找钻石矿，结果却发现，买走他们房子的人，一天清晨醒来以后，在刚买到的房子里发现了钻石。

这就是非洲金伯利钻石矿的真实故事！

锡矿、金矿、银矿——这些都是在他们后院里发现的，只是在他们离开以后！

所以，当你学到了我的魔法公式，并收拾好行囊，准备到纽约、伦敦、巴黎或是斯德哥尔摩小试身手的时候，不妨先在卡拉马祖、布朗伍德或韦恩堡试试！

小地方的人也能够成功

埃德·斯特利，W.T.格兰特百货的前总裁，就证明了小地方的人也能够成功。

他是从人口不足 1 万的小镇走出来的，最终来到了拥有 800 万人口的城市。

杰西潘尼在纽约有一个豪华办公室，但是它的第一个办公室却在怀俄明州。

杰西潘尼的现任总裁也来自小地方。

我常常试着找出一个来自大城市的人获得成功的例子。确实有这样的人，但你要是问问他们就会知道，他们要么就是已经离开了大城市，要么就是对小地方非常了解。

只要记着，想让我的魔法公式生效，或是让任何其他秘诀生效的话，你不用非得换地方！

没必要抢着去买一张通往大城市的火车票。

成功就在你的周围。仔细观察，也许你此刻正踩在一张 10 元钞票上面呢！

从你自己的座位下寻找

为了让员工充分认识到，有很多商业价值其实近在眼前，但人们却认识不到，菲希尔水泥公司的乔·约阿希米在孟菲斯举办的一次销售会议上想出了这么一个主意。

为了形象地说明自己的观点，他让在座的每一位都低头看看自己的椅子下面，他们纷纷低下了头。

有 20 个人惊讶地发现，他们的座位底下竟然被贴上了钞票，他们正坐在钞票的上面。

钞票离他们这么近，以至于他们必须站起来，把椅子翻过来才能看到。而在座的 300 人中，最后只有 20 人发现了椅子下面的钞票。

你最近有没有低头看看自己的椅子？

一些小地方的成功故事

比休斯敦大的城市有很多，但是道格·普林斯却在这里发现了金子。

他总是梦想着能够拥有自己的游艇。

他发现了一艘待售的游艇，便买下来将其拖到了休斯敦的岸边。他开起了全市最好的游艇餐厅，让喜欢游艇却买不起的人们能够尽情感受游艇的魅力。

道格原本可以开着游艇，到陌生的地方去寻找财富，但是他却把游艇开到了距离码头只有几条街的岸边。

在那里，人们可以在游艇中眺望着得克萨斯的草原美景，享受着美味的海鲜。

同样，亚历山大·莱格的国际收割机公司不是开在纽约、柏林或巴黎，相反，他在美国中西部找到了成功。

约翰·弗里茨，曾经是伯利恒钢铁厂最伟大的工程师，不是在伦敦找到的幸福和财富，而是在宾夕法尼亚州的一个小镇上。

乔治·威斯汀豪斯，西屋电气的创始人，偏爱俄亥俄州的曼斯菲尔德小镇。

小地方的人能够成功，这句话或许就是最好的总结。

如何在小地方成功

当你身处小地方的时候，以下几点品质尤其会引起人们的注意，你可以据此来判断自己是否能够成功。

1. 心情愉悦 25%

2. 诚实 25%

3. 充满激情 15%

4. 有耐心 10%

5. 干净整洁 10%

6. 勇敢................................5%

7. 说话有分寸 5%

8. 自信但不咄咄逼人...............5%

　　我已经将以上品质按照其重要性进行了排序，所以你现在就可以给自己打分了。让自己做好准备，以便迎接几章之后就会讲到的魔法公式吧。

　　按照上述几点调整好自己，这样，当我把魔法公式展现在你的面前时，你就能迅速接受并付诸实践了。

吱吱声到处都有

　　多年来，我一直强调是吱吱声让牛排变得畅销，而不是奶牛。

　　母奶牛还好，但是如果让一头公奶牛在餐馆门前走过的话，估计不会对促进牛排销售有什么帮助。

但是，当一块牛里脊发出吱吱声的时候，你先是听到了它的吱吱声，然后看到了油花四溅的牛排，最后闻到了它的香味，听觉、视觉和味觉都得到了满足。

吱吱声可以出现在百老汇，同样也可以出现在小地方。

"我可以给你特殊折扣。"这是达拉斯市一个征兵海报画家的宣传语。人们都喜欢他的宣传语。现在，他的海报生意远远超过了其他画家。

儿童可以免费乘坐旋转木马，这使得堪萨斯城纳什汽车的经销商乔·M.奥菲尔不必搬到大城市去，仅一年他就能售出3000辆车。

他的绝招是：先让人们进入展厅再说！这一绝招即使在小地方也能奏效。

比尔·沃尔默，小地方的一个铁路工人，也获得了成功。后来，他成为得克萨斯和太平洋铁路公司的总裁。他成功的秘诀能够在圣地亚哥奏效，在圣安东尼奥也一样管用。

街上的钱

看看自己所在的这座小城市，我们就会知道，福特、沃纳梅克、爱迪生以及梅西的时代并没有消失。

乔·富兰克林·迈尔斯，在第一次世界大战中不幸致残。他接手了一家濒临倒闭的糖果厂，仅仅是为了不让50名员工失业。

他并没有选择生产普通的糖果，从而避免被卷入来自大城市的糖果厂的竞争，相反，他开始加工不会发胖的糖果，专供高血压人群食用的无盐型巧克力薄荷糖，以及一种能够吸收婴儿口水的糖果。

不久，他向孤儿院捐献了价值1万美元的糖果。

在母亲节到来之际，他规定每一位员工都必须接受为期三天的假期，这样大家就能有充分的时间在星期天看望自己的母亲。

那时候还是一个小城镇的达拉斯市，对待乔是公平的。

别笑话大城市

从另一方面来说，如果你本身就生活在大城市中，那么也不用非得离开。

机会就在周围。钞票就在大街上。

玛丽·杜莎正是靠着微薄的资金，在伦敦开办了著名的杜莎夫人蜡像馆。

这笔资金不可谓不关键，时至今日，她已经为自己投保了400万美元!

毫无疑问，她也使用了我所采访过的那1000位百万富翁所使用的魔法公式。

她在国际大都市中成功地运用了魔法公式。

糖果商约翰·哈伊勒是在纽约白手起家的。而纽约，也是霍雷肖·阿尔杰笔下那些成功人士的家乡。在这座大城市里，他们慢慢从擦鞋匠成长为各大公司的总裁。

哈伊勒最初之所以能够成功，原因就在于，当顾客向他打探其他糖果商的产品时，他为对方说了很多好话。

这位顾客正打算投资糖果，听到哈伊勒这么说以后，感到很佩服，于是就出资让哈伊勒创建了一家糖果连锁店。

不久，其糖果店便颇具规模。

　　这个大城市的人显然意识到了"爱邻人如爱自己"的重要性。

　　也许在内心深处，他一直有着小地方人的朴实。

成功就在于找对地方

第九章

草根同样有机会

如果我是处在社会底层，只是一根不能再草根的草根，是不是一定就会与成功绝缘？成功一定要讲出身吗？

"好吧，"你会说，"就算你准备告诉我的这个魔法公式真的非常管用。"

"但我只是一名秘书而已，要如何用它来获取成功呢？"

"它当然很管用，但是我实在是普通得不能再普通了，这辈子估计没法让它在我身上发挥应有的作用。"

"对于水管工、电工、记账员或是我这样一名秘书来说，有多大的机会能够成为公司的老板呢？"

答案很简单。

答案就在1000个成功人士的例子中，因为这些人里有不少都是秘书出身！

几个例子

伍德罗·威尔逊并非天生注定成为美国总统。

他可能从小就有要当总统的愿望，但并没有什么神力提前就给他贴上了这样的标签：易碎品！未来的总统！

他只是一个平凡的秘书！

赫伯特·胡佛，另一位美国总统，身上也没有什么标签写着：为总统而生！

没有，他也只是一个秘书！

所以，下次你听到人们说"他不过是个秘书"的时候，最好站起来看一看。

因为那个人很可能就是美国的下一任总统！

哈里·杜鲁门的例子

杜鲁门也是一位底层出身的总统。

他原是堪萨斯城的一名服装店店主。

他做了三件足以让自己成为总统的事。而对你来说，不管你想要达到什么目标，做好这三件事，你也可以成功。

1. 杜鲁门把自己推销给美国公众。他面带微笑，态度友好，愿意跟群众握手。他让人们感到无比温暖，而这点是杜鲁门的竞争对手所无法做到的。

2. 杜鲁门永不停歇。他知道，一旦成功获得了选票，那么就应该赶紧离开，然后赶往下一个目的地。他一直在路上。

3. 杜鲁门喜欢打电话。当你跟很多人聊过，总有人会说："我喜欢你的想法，我愿意投资。"

不管你是否曾为以上三位总统投过选票，你都要记得，他们确实得到了全美排名第一的职位，所以你就不应该忽视他们的成功秘诀。

赌一百万的盖茨

还有一个出身底层的人，也通过自己的努力成了百万富翁。

他只是一个卖带刺铁丝的，发明是别人的事情。当时的华盛顿拥有 250 万种发明。

不过，在盖茨还没挣够一百万的时候，他去了圣安东尼奥，在该市的广场上用铁丝网围起了很大的一片地方。

他还在铁丝网上加了一些牛角。人们试着冲进铁丝网里，但是很快就发现，这么一圈细铁丝就把他们挡住了。

牧场主人觉得这种做法很好，于是就跟盖茨下了订单。

为了成为百万富翁，他仅仅投资了几英尺长的铁丝——但这些铁丝是带刺的。

这就是他成功的秘诀！带刺的铁丝！

秘书的诀窍

一个秘书怎样才能成功呢？

通常来说，只要把一个想法成功植入对方的脑袋，然后让其充分相信这正是自己的想法，那么你就可以成功。

很多秘书就是这样，把想法很好地植入了老板的脑中，从而获得了成功。

作为一名优秀的秘书，你对商业运作的了解要比副总裁还多。

因此，当时机恰当之时，你自然就是合适的接班人。

斯塔特勒饭店集团的创始人，斯塔特勒，就把自己的秘书送上了总裁的职位。

希尔顿，另一位酒店行业的天才，从不把酒店交给外人管理。各地的希尔顿酒店，其总裁都是从酒店的服务员和前台中提拔上来的。

根据全国销售业高管俱乐部总裁鲍勃·惠特尼的说法，82%销售企业的高管，曾经都是普通的销售人员。

没有哪个人生来就带着这样的标签："注意！这是一位公司总裁！"

另一个行业诀窍

在告诉你万能秘诀之前，还得嘱咐你几句。有一句阿拉伯谚语说得好：

"最好的演讲者能让你看到你所听到的！"

作为一名秘书，你必须掌握"电视语言"。

也就是具有画面感的语言。

多彩而鲜活的语言。

诀窍就是"用简单的方式说"。

堆砌辞藻只会扰乱视线。

最近，在得克萨斯州西部，一次我跟一个牛仔坐在一起吃饭。当他吃完以后，他擦了擦嘴，询问服务员菜单上的"抹德新潮派"是什么。

服务员回答说，就是加冰淇淋的派。于是牛仔大声责问道："那么你们为什么要起这种名字，为什么不直接叫冰淇淋派呢！"

这个牛仔的话不无道理。

这个故事也许听起来有点不沾边，但是如果你真正了解人性的话，你就不会这么说了。

这里有 3 条建议送给你：

1. 讲话要简洁，使用通俗易懂的口语。

2. 讲话要动情，显得兴奋一点儿，这样对方也会变得兴奋。

3. 多使用第二人称"你"，"你"这个字比"我"更有说服力。

五条交友金句

要想让魔法公式奏效，在此之前你必须了解 5 条交友金句，分别是：

1. "我为你感到骄傲！"这几个字是全世界最好的恭维人的话，会让对方爱上你。尽管对你的老板、员工、妻子、丈夫、邻居或是孩子说出这句话吧。

2."你怎么看？"这四个字最能让你迅速得到关注。即使是公司的老总，听到你这么问他，也会立刻停下脚步。

3."请！"这个字能让人们按照你的意愿来做。但是我们很少说"请"字，总是以命令的口吻要求别人为我们做事。

4."谢谢！"这两个字最能使帮助过你的人感到高兴，还能让他们下次继续为你提供帮助。

5."你。"全世界最强大的一个字就是"你"，而最渺小的一个字就是"我"。

牢记以上 5 条交友金句，你就能轻轻松松地用我的魔法公式走向成功。

损友三招

除了交友的方法，当然也会有与人结怨的失误。以下三句话就会达到损害人际交往的后果。

1."也就是说——"总喜欢说这句话的人，早晚会激怒对方。第一遍就争取说对，这样你就不必再花时间解释一遍。

2."我的意思其实是——"你这么说，其实就是承认了：我真笨，让我重新说一遍。

3."简单来说——"这句话的意思是：你真笨，还是让我来给你解释一下。

尽量不要说这些有损人际交往的话。一旦让这些错误言辞拖了你的后腿，那么再厉害的魔法公式也帮不了你。

除此之外，还要避免让自己的表达显得重复而单调。别总是说"懂了""明白""没搞错吧"这样的话，再好的表达，当你连续说上 10 次的时候，都会惹人烦。

"是吧"这样的话，说一次没什么问题，要是一整天都说的话就让人厌烦了，对你绝对没有好处。

当你在一次聊天中说了 30 次"明白了？"或者说了 30 次"是的"，那么这两句话也会成为一句损害交往的话。

别把一句话用烂了，不然的话，你早晚会把朋友都说跑了。

成功在上层也在底层

真正的成功秘诀会将你送上人生的巅峰，但是如果你已经处在巅峰位置，那么这些秘诀也有用处。

即使已经到了上层，也要继续奉行这些成功之道，否则，你很快就会被人取代。

留在上层常常比爬到上层更加艰难，正如赚钱容易，守财难。

听起来很荒唐。不过你可以试一试。

来得容易，去得快，这一点适用于财富，同样也适用于工作。

汤姆·布兰尼夫开了一家大型航空公司，在南北美洲纷纷设立办事处，从芝加哥一路往南。

当他爬到上层以后，其他航空公司开始对他进行攻击，但是他通过一件事情让自己留在了上层：

他在自己工作过的每一座城市开展个人宣传。

其他航空公司也设立很多办事处。但是汤姆会亲自到办事处所在的城市，在午餐会上与人交谈，让大家认识和了解他。

很快，汤姆·布兰尼夫成了名人，但是比起从底层爬到上层的时候，成功的他更加努力，为的就是能够维持现在的名誉。

他干得真不错！

卖出吱吱声，你就有牛排吃

第十章

成功需要多久

"想在一年内致富，往往不出一个月就会被绞死。"这一古老的西班牙谚语提醒我，现在的人也有很多种"绞死"自己的方法。

当你把精心准备的魔法公式告诉我的时候，我指望它多久才能奏效呢？你也许会这样问我。

我再次从西班牙人那里找到了答案：

"想在一年内致富，往往不出一个月就会被绞死。"

这一古老的西班牙谚语提醒我，现在的人也有很多种"绞死"自己的方法。

生活成本的上涨使我们不可能在一年内迅速致富，但是，在我们想办法偿付各种账单的时候，可能会禁不住想通过"天上掉馅饼"的方式来减轻生活的压力。

在面对这种诱惑时，我们坚决不能允许自己犯下那些愚蠢而代价高昂的错误，坚决不能让债务和高额的税费扰乱我们的判断力。

遵循这样一个原则

你可以遵循这样一个原则：假如我有足够多的钱，我是否还会做出这一决定？

如果你下的赌注太大的话，通常来说你会输掉。难道确保每次实实在在收获一点点，不比寄希望于以小搏大更好吗？

下次，在你拿出支票本准备结清当月的账单时，你开始盘算着有没有什么办法能让银行账户变出更多的钱来，这时记得想想这一古老的谚语。另外还要记得，我们大多数人都在同一艘船上，只要我们日复一日地努力工作，我们就能够安全到岸。

更快实现成功的四步法

如果你足够了解你周围的人，你就能更快地掌握我的魔法公式。这样一来，你也能把这一秘诀更有效地运用在周围人的身上。

为了帮你更准确地了解他人，不妨试试以下四个步骤吧：

1. 跟人见面时，争取赢得他们的信任。在不清楚对方的兴趣所在时，先当好一名倾听者。这是赢得信任中最关键的一步。

2. 试着找到你和对方共同的兴趣。

3. 别忘了你的朋友。交新朋友固然重要，但是跟老朋友保持联系也很重要。

4. 原谅并忘记。生活并非一帆风顺，最好的朋友也不可能总是意见一致。你要懂得说："算了，不提这事了！"

取信于人的另外一些方法

以上四步是主要步骤，此外还有一些比较重要的方法。

保持耐心，公平待人，信守诺言，前后一致，平易近人。傲慢自大的人不会有真正的朋友。

还有一点是我非常推崇的。这一点非常重要，因此在我所开设的销售培训、公众演讲或人际关系类课程中，全部要开展与之相关的练习。

在这些课程中，我会让所有人都站起来，大声地喊出："朋友们！让我们抖擞精神吧！"

这一当今最重要的成功秘诀就是：充满激情！

十种成功加速器

很多人都不敢对其他人表现出过多的关心，因为担心别人会误解我们。

不过，只要我们敢于尝试，就能养成多关心别人的习惯。

成长以及幸福的秘诀，就存在于我们自己的意识中。我们需要做的就是下定决心来养成习惯，这样我们就真的能够做到。

就是这么简单。

想要记住别人的名字吗？你可以做到，你所需要的就是多多练习。

想要学会如何记住别人的生日吗？多练习就可以了。

想要学会如何微笑吗？这太简单了，照着镜子多练习就可以了。

除了练习以外，你只需要再做到一件事，就能让自己养成良好的性格。

必须对自己诚实！

你的一言一行都要对他人产生助益，并使他人感到愉悦，即便你不得不为此而牺牲自己的利益。别用金钱来衡量你新养成的习惯，否则的话，这些习惯非但不会给你带来好处，反而会拖累你。

有十件事情能够让你的人生更加成功：

那就是，决定去做什么事情，就把这件事情做十遍。

水滴石穿

慢慢来！

太多的人总是心比天高，急功近利。

在我所了解的成功故事中，其中一个很好地说明了认真规划以及一步一个脚印的重要性。

若干年前，被朋友们称呼为"眨眼温克"的一个年轻人学会了驾驶飞机。当时，他几乎没有足够的钱来维持生计，不过，他确实很有先见之明。

刚开始的时候，他驾驶飞机只是为了挣口饭吃，主要运送乘客和邮件。不久，他做起了销售飞机的工作。再然后，他买下飞机，修理之后再转手卖掉。最终，凭借这项业务，他在密苏里州的圣查尔斯开起了私人飞机场。

随后，他成立了一家小型航空公司，并成功将其卖给了一家更大的航空公司。

二战到来之时，他志愿加入了战争的行列。不出几个月，他就成为美国最早的夜航战斗机驾驶专家之一，活跃在太平洋战场以及欧洲战场上。

战争结束后，他又重新开起了自己的私人飞机场。之后，作为航空顾问，他进入了公关行业。

现在的W.W.克拉茨仍然会朝同事们不停地眨眼，但是他已经成为位于加利福尼亚州卡尔弗城的休斯飞机公司的一名管理者。我们在未来几年听说或将要乘坐的飞机，其生产和运营就有可能有他的一部分功劳。

他的成功秘诀是什么呢？

也许就在于时刻谨记：水珠一滴一滴地落下，总有一天连最坚硬的石头也能够滴穿。

查尔斯·R.奥尼尔的成功故事

1912年，查尔斯·R.奥尼尔从爱尔兰来到美国。他带着妻子和两个孩子，除此之外，身上就只有借来的92美元。在他来到中西部的一家百货公司工作的第4天，就打破了公司的销售记录。

10 年以后，他拥有了自己的公司，为消费者提供各种亚麻制品。

很快，其公司的资产达到 25 万美元，是美国同行业规模较大的公司之一。

查尔斯·R.奥尼尔成功了，因为他是一名非常优秀的推销员。最近，我问他能不能简单写一下他成功的秘诀，是什么让他的事业如此成功。

他是这样写的：

"首先，一定要对自己选择销售的商品充满信心，并且也要让你的顾客觉得，你的产品真的跟你说的一样好。

"其次，自己想要怎样被对待，就怎样对待你的客户，从而赢得他们的信任。

"第三，先向客户推销他们最需要的商品，然后再趁机宣传他们可能需要的商品。

"第四，花上你大部分的时间来推销，而不是来到处出差。

"第五，让你以成本价销售也卖不出去的东西（最坏的情况），你就不要买下来。

"第六，允许赊账——大多数人都是诚实的（在 29 年里，奥尼尔亚麻花缎公司的坏账率仅有 0.5%）。"

难道你不觉得，奥尼尔的成功之道对我们所有人来说都很有用吗？

铺垫已经做好

我觉得，到现在为止，在告诉你魔法公式之前，需要做的心理铺垫已经差不多了。

你已经明白，运气、教育水平、天气以及年龄都跟我的 1000 个成功故事没有关系。

这 1000 位同时代的成功人士，手握幸福、健康和财富的"百万富翁"，都遵循了一种特定的模式。

这种模式是怎样的？

虽然每个人（例如查尔斯·R.奥尼尔）告诉你的都是外在经验，但是当你开始分析他们的基本规律和秘诀时，你会发现其实所有人都是一样的。

成功并不神秘！

成功并不是一人一个样。

成功有固定的模式，就像数学公式一样。

这种途径是怎样的？这种模式是怎样的？

我觉得你现在已经做好了接受的准备。

成功的秘诀并不受专利保护

第二部分

能让你梦想成真的万能秘诀

1. **想清目标**。如果你不清楚自己想要什么，那么你肯定也无法得到，这是自然而然的事。所以，想清楚自己的目标是什么：一百万？健康？欢乐？衣服？美满的婚姻？

2. **写在纸上**。你必须用双眼看到自己脑海中所设想的情景。通过写在纸上，加深大脑中梦想的印象，这会让梦想更快实现。

3. **确定方向**。别本末倒置，按照逻辑把你的梦想依次排列起来。别想着在梯子上跳，一步一步往上走就行了。

4. **开始行动**。缺乏行动的梦想永远不会被激活，所以让梦想行动起来吧。只有在行动中，梦想才会成型。你可能会犯错，但你仍然是在前进。

5. **别中途妥协**。一旦铁圈滚了起来，只需要轻推几下，就能让它继续往前走。"差不多"并不是真正的成功。别给自己的梦想打折扣。你想让其全部实现，它就真的可以全部实现。

6. **实现了，别贪多**。一旦梦想实现了，那么你就好好放松自己，尽情享受梦想成真的喜悦。别给自己的梦想打折扣，但也别贪多。要学会接受：今天你所拥有的，在昨天还只是镜中花水中月。

想清目标

在让梦想成真的路上，你所需要做的第一步就是想清自己的目标是什么。

如果你不清楚自己想要什么，那么你肯定也无法得到。这是自然而然的事。

财富和成功都源于梦想。你的梦想有多大，就意味着你想要的财富有多少。

梦想大一点儿，得到的才能多一点儿。

假如你没有什么梦想，那就制造一些，只要不是太离谱的就行。

问问你自己："我这辈子最想得到的是什么？一份好工作，幸福的婚姻，健康的体魄，更多的销售额，大一点儿的房子，还是四处旅游的机会？"

让你的想象力尽情驰骋吧。

充分释放自己的想象力

别过于拔高自己，别过于贪心，但是要充分释放自己的想象力。

尽情地勾勒出自己最渴求的梦想！

制造梦想的地方就在你前额往上一英寸的位置——是的，你离梦想的实现只有这一英寸的距离。

只要是符合常理的事情，没有什么是你无法实现的。

否则，那个推着小车叫卖水果，却梦想着要成为一名银行家的男孩，就不会成为后来的大名鼎鼎的贾尼尼，加州银行业大亨。

李维·施特劳斯为自己的梦想坚持了这么久，付出了这么多，只为生产出一条能够比其他裤子更耐穿的裤子，所以时至今日，西部人根本不再提裤子了。

他们会说："我想买一条李维斯。"这时，售货员就会拿给他们一条李维斯牌的工装裤。

所以，是不是应该充分释放你自己呢？

知道自己想要什么

这是让梦想成真的第一步。

把虚幻的梦想变成现实生活中的工作机会、晋升机会、皮草大衣或公主王子，只是一个"机械的过程"。

一个以认清自己想要什么为开始的过程。

目标模糊不清，总是漫无目的，瞎碰运气，这样是不行的。

你一定要十分明确。只有这样，才能给这一机械过程添加相应的动力。

物以类聚。

明确的梦想才会收获明确的行动。

"霉运"或"好运"就像自然界的动物一样，总是成群出现。

"看见"你的目标

你把梦想在脑海中勾勒得越清晰，它就会实现得越快。

模糊的梦想只会带来模糊的反馈。

不管你想要的是什么，尽量把梦想描绘成彩色的，这样一来，你就能看到梦想的颜色，闻到梦想的香味，能够摸到梦想，尝到梦想，把梦想捧在手里。

只是，你必须在脑海中清楚地看见你的目标，否则你就无法给那些美妙的梦想披上现实的外衣。

如果你无法"看到"自己想要实现的目标，那你就不能让这一秘诀发挥魔力。

所以说，要好好看一看自己的梦想。

梦想久一点

如果你把一个梦做得足够久，那么你从梦想中得到的动力最终就会被你的大脑所接受，进而通过复杂的方式，逐步将虚幻而短暂的梦境转变为真实的存在。

所以，让你的愿望成为你的"第二天性"吧，这样成功就会找上门来。

真的只是机械过程而已！大脑产生愿望，然后愿望就会机械地把你想得到的东西吸引过来。

同类相吸。

因此，把梦想做得久一点吧！

人人都是百万富翁

这是你听过的最愚蠢的话。

我敢打赌，这就是你的反应。

因为怎么可能人人都是百万富翁呢？

如果人人都有一百万，那么谁还愿意工作呢？

有道理，但是我的说法也很有道理。

"人人都是百万富翁——或者说都能成为百万富翁！"

这很简单

第一，你想想自己怎样才能成为百万富翁。

有人说："我想比其他人销售得更多。"

有人说："我想结婚，享受幸福。"

又有人说，如果自己能拥有一辆整条街上最大的轿车，就能像"百万富翁一样高兴"。

一条广告这样写道：

"就算是百万富翁，也无法拥有比这款更好的电动剃须刀。"

富人说："如果能重获健康，我愿意放弃一百万。"

所以，能够得到你最想要的东西，你就是百万富翁。

人人都很"富有"

我不会修理打字机，所以在这方面我算是一个"穷人"。

会修理打字机的师傅就是一个百万富翁。

我不会修鞋，会修鞋的师傅可以说就是"富有的"。

因为擅长，所以"富有"。

你就是一个"百万富翁"。

在自己所擅长的事情上，人人都是"富有的"。

你只需找到自己的擅长点，那么你就是一个"百万富翁"。

怎么样才是"百万富翁"？

有钱并不能让你成为一个百万富翁。

因为金钱买不来健康、幸福和保障。

手握一百万的人，可能没有你所拥有的健康、幸福或保障。

所以说，你才是一个"百万富翁"，而不是他。

我羡慕那些会弹钢琴的人，他们才是"百万富翁"。

我佩服那些会谱曲的人，我却不会，我是个"穷人"。

我这一辈子，既是个穷人，也是个富人。

在我擅长的方面，我是富有的。

"百万富翁"就是做我喜欢做的事情。

在算数、会计和记账方面，我是个穷人。

所以，到底什么样才是百万富翁呢？

你也可以成为富人

要是金钱能让你成为富人，那么你可以去挣。

要是你在健康方面是个穷人，那么就去追求健康。不久，你就会成为健康方面的百万富翁。

要是你想成为明星推销员，觉得这样能让你感到幸福，那么你就在推销方面努力成为一个百万富翁。

当赛尔曼·A.瓦克斯曼博士分离出用于治疗结核病的链霉素时，他把这一发现无偿地公之于世。在金钱方面，他没能成为一名百万富翁，但在幸福方面，他却是个不折不扣的百万富翁。

贫穷和富有，是相伴相生的。我们大家都是乞丐，也都是富翁。

有一天，我们成了穷人，因为我们想要试着做饭，却根本不会。隔壁的邻居向我们展示他的厨艺的时候，他就是一个百万富翁。

但是说到游泳，他并不会游。所以说他又成了穷人，而我们则成了富人。

要是我去捡垃圾的话，说明我很穷。但是垃圾清理工跟坐在公园长椅上的流浪汉相比，他又是富有的。

不过，幸福也能让流浪汉变成富人。

他不需要一匹马，一辆马车，或是一辆汽车。他需要的只是天气晴朗一点儿，少下些雨，那么他就会像百万富翁一样快乐。

从销售看百万富翁

当我什么也没卖出去就回到家里，我就是穷人。

当我卖出了很多东西才回到家里，我就是富人，因为我很开心。

起伏跌宕才是人生。

起初贫穷——然后变富——又变穷——再变富。

一天之内，可以从流浪汉变成百万富翁，常常就是一举手一投足之间的事。

我想说的是：

别用金钱来衡量富有的程度，要用幸福值来衡量。

当百万富翁看到你开心地啃着一个热狗，而自己却只吃了一些沙拉，他们可能会觉得自己很穷。

拥有豪车的人看起来很富有，可他并没有体会到你在修理自己的小破车时的乐趣。

找到什么能让你感到快乐，你就会明白如何才能成为一名百万富翁。

其实就是这么简单。

关于成功并非只关乎金钱的故事

并非所有的成功人士都挣到了一百万。

事实上，我最近了解到的一个成功人士，他已经 68 岁了，一周只挣 50 美元。

他的名字叫弗兰克·瓦勒，住在俄亥俄州米德尔顿市。

最近，弗兰克的故事被登上了全国销售业高管俱乐部的一份出版物。

故事是这样的：

弗兰克·瓦勒拥有一辆手推车。

30 年前，他跟米德尔顿市的几家商铺商议好，由他来为其运送废纸。

然后，他又联系了当地的一家废纸回收商，把这些废纸转手卖给他。

30 年来，弗兰克一直在做着这项生意。他是老板，也是员工。

用这些年积攒的钱，他已经买了一栋二层住宅。

在我看来，弗兰克·瓦勒是一位真正的成功人士，胜过很多所谓的"大亨"。

在自己的二层小楼里，弗兰克可能比很多住在豪宅别墅里的百万富翁还要幸福。

难道你不觉得，你不但能成为有钱的百万富翁，还能成为有幸福的百万富翁吗？

而且是在一座二层小楼里！

让你的梦想具有磁力

有一种实现梦想的方法是：对自己进行暗示。你可以对自己说："我想要挣 5 万美元。"或者说："我想要周游世界。"

在自我暗示的作用下，你的梦想会在脑海中愈发鲜活起来，并在化学反应的原理下让大脑具有了"磁力"。不止一次地，当你梦想着能够吃到某种食物，你会说："我几乎能尝到它的味道。"

没错。努力做梦，不断地做梦，这样一来，梦想在你体内激发的化学反应就能让你"尝到"它的味道。

努力做梦，从而让你的梦想具有"磁力"吧！

用力看梦想

如果你长时间地盯着一个圆圈看，当你移开目光，望向墙面的时候，刚才所看的那个圆圈就会神奇地出现在墙上。

所以用力地看看你的梦想，你也能在现实生活中看到它。

关于这种奇妙的情况，科学家们尚未搞清其中的原理。但既然我们知道这么做是有效果的，那么只要用力在脑海中勾勒梦想的场景，我们就能一步步把它变成现实。

大自然的法则会把梦想转变成行动。

不过要记得，在使用魔法公式的时候，第一步就是想清自己的目标是什么。

理性做梦，你就有机会实现自己最大的梦想。

"别想着'如果我有 5 万美元就怎样'，而是要想想'我怎样才能得到 5 万美元'。"

想想"如何做"，而不是"如果有"。

有梦想，而后才有美国的诞生

写在纸上

一旦你想清了自己的目标，下一步就应该把它写在纸上。

把梦想写下来。

这一机械过程，能让你用自己的双眼亲自看到脑海中曾经设想的情景。

在把梦想变为现实的过程中，这是关键的一步，能够把虚幻的西班牙城堡变成现实生活中的一砖一瓦。

这就是一加一等于二！

要把梦想写在纸上，你就得把梦想细化，这样的话，梦想便不再只是在你的脑海中漫无目的地飘荡，你就能在纸上看到自己的梦想。

比起那些在脑海中飘忽不定的想法，你能用双眼看到的事情会更容易实现。

所以说，把梦想写在纸上吧！

就像一份购物清单

如果你能把梦想列一个清单，就像购物清单那样，那么你就不会忘掉自己的目标。

这样的话，你的梦想就可以通过眼睛这一媒介，从大脑中的空想转移到现实的具体行动。

把梦想写在能够长久保存的纸上，也可以写在书本的末页，或者装在信封中——任何能够让梦想一直伴随你左右的地方。

用蜡笔把它写在镜子上，这样你早中晚都能看到它。

别觉得这么做很愚蠢。其实很有道理，因为如果你总是不断地遇到某件事，那么它迟早会成为你生活中的一部分。

只要碰到钢琴，钢琴演奏家就会在上面动起手指；优秀的高尔夫球手会在下着雨的周末下午，到地下室进行练习。

一旦把面包写在了购物清单上，你一般不会忘记购买。

为梦想勾勒蓝图

把梦想写在纸上是至关重要的一步，这么做会为你打开一扇门，把住在幻想城堡中的梦想带到现实世界里。

现在，你需要为梦想勾勒一幅现实的蓝图。

在现实世界中建造任何房屋之前，你都需要蓝图的帮助。所以作为一名卓越的建造师，请先为你的梦想绘制蓝图。

一旦你掌握了这项简单的开锁技巧，那么在你潜意识里胡乱游荡的梦想，就会像坐上了过山车一样迅速来到现实世界。

它会从"我希望能有"的斜坡滑落到"我能拥有"的斜坡。

所以请为梦想勾勒蓝图，从能够看见的地方入手。

梦想要具体

很多梦想家的问题是，他们的梦想不够具体。他们会说："哎，要是我有一百美元，一千美元，一万美元——我就辞职。"

他们会说："哎，要是我能嫁给一个有钱人，或要是我能娶到一个金发美女——不管是谁，那么我就能有家和孩子了。"

不确定正是懦弱的表现。如果你不把梦想具体化，那么它永远只会在你的"梦想城堡"中无穷无尽地游荡。所以，你的梦想一定要具体一点，肯定一点。

写下你想得到的具体事物。写下 2.5 万美元、5 万美元、100 万美元——写下任何你想得到的钞票数额。只要不是太离谱就行，这是唯一的要求。

写下（或者说是勾勒出）你想要的家的样子，丈夫的样子，妻子的样子，事业的类型，但是要足够详细和具体。

如果梦想过于朦胧、模糊，难以辨认，那么就无法通过你自身的机械过程实现它。

不要说"我想要漂亮衣服"，你可以说"我想要一件海蒂·卡内基"，就是那种你确信自己穿上会很好看的衣服。

"我想要成为有钱人"还不如"我想要得到 10 万美元"更管用。

重复尤为必要

当你用笔写东西的时候，你记得最清楚。当你重复写很多遍的时候，你会记得更深刻，因为在动笔写的过程中，你把记忆力锻炼出了肌肉。

动笔写能够增加记忆力的褶皱。

拿破仑·希尔在《思考致富》一书中曾就这一话题进行过大量探讨，并提醒读者将自己的目标写在镜子上，从而每天重复提醒自己。

坚持这么做，你很快就能"尝到"自己的梦想；能感受到貂皮大衣披在身上的重量，或是坐在凯迪拉克中平稳前行的感觉，又或是倚在高管办公室老板椅上的软绵感。

重复你的梦想，让其深深刻在你的脑海中。

他会把事情写在纸上

有一个人梦想着能够交到朋友。当他把这个梦想写在纸上后，他还写下了顾客的梦想和需求。

这个人的名字叫汤姆·诺兰，而这就是他成功的秘诀。

汤姆·诺兰会为每一位顾客准备一张单独的卡片。每次卖出一件衣服时，他就会把这位顾客对颜色、材质、款式、价格和型号的喜好记录下来，此外还会记上这位顾客的职业、地址和家庭情况。

当顾客走进来时，汤姆·诺兰问道："您两个月前买的那件灰色呢子衣服，您家里人还喜欢吗？"

这位顾客很高兴汤姆·诺兰能这么问。

不过，汤姆·诺兰所做的还不止这些。每次有新顾客上门买衣服，在成交后的一两周内，他都会给顾客写一封感谢信。当老顾客给汤姆·诺兰介绍新顾客时，汤姆·诺兰会给老顾客和新顾客同时写信，感谢新顾客照顾生意，也感谢老顾客给他介绍生意。

对于汤姆·诺兰诚挚的感谢和周全的考虑，你说这些顾客能不感动吗？

在不到一年的时间里，有1000多名新顾客找到了汤姆·诺兰，这些人要么是汤姆·诺兰的朋友推荐来的，要么就是老顾客推荐来的。

在过去几年里，平均一位老顾客就能为汤姆·诺兰介绍100多位新顾客，而这些新顾客，后来也都成了长期客户。

为你的梦想画线

不管读什么书，我总是喜欢在句子下面画横线，因为这能帮助我把这些句子记得更牢。

当你动动手指，在句子下面画线的时候，你似乎也在大脑中画下了横线。

当你在梦想清单上画线的时候，这一简单的肢体动作不仅完成了纸上的标记，同时也在你的记忆中留下了印记。

所以，请为你的梦想画线。

相似的梦想

同类的鸟儿，总是结伴飞行；而相似的梦想，也总是伴随出现。

在你列出梦想之后，不久就会发现还可以添加一些"类似的"梦想。

写上了大房子，就会想到高薪的工作；写上了高薪的工作，又会想到更长的假期和更贵的车。

相似的梦想，总是伴随出现。

这也是为什么你必须把梦想写在纸上，必须制作一份梦想清单。

因为，在为梦想绘制蓝图的时候，你就成了梦境的建造师。

把梦想落实到纸上，摆在你面前，放在触手可及之处，梦想才会更容易实现。

所以说，现在就开始按照万能秘诀的第二步进行操作——把你的梦想写在纸上！

然后就等着看 1 加 1 慢慢变成 2 吧。

帝国大厦曾经也不过是一张草图而已

确 定 方 向

别本末倒置。

想要捕到鱼，你得先知道从哪里弄到鱼饵，从哪里找到渔船，以及从哪里撒网。

把梦想写到纸上以后，下一步需要做的就是：弄清楚自己应该从哪里着手实现梦想。

你必须把梦想按照合理的顺序进行排列。

做事有条理，才不会做无用功。

你先要画好蓝图，然后圈定地基，再挖好地基，垒好墙砖，最后才能加上屋顶。

同样，在建造梦想大厦的时候，也有一个合理的逻辑顺序。

拆分梦想

把梦想放在解剖台上，如果没有的话，也可以放到厨房的案板上，车库里的工作台上，或是销货簿后面的空白页上。

问问你自己："在开始实现梦想的过程中，应该遵循怎样的逻辑顺序呢？我得先做什么？"

假设你是一个销售人员，比方说你想成为公司的总裁。你要做的第一步就是分析一下自己目前的工作。想想这份工作有上升的空间吗？

"如果我在目前的工作岗位上取得了很好的销售业绩，那么老板会提拔我吗？要是他提拔我了，下一步我能争取成为初级管理人员吗？

"如果我证明了自己既能带动销售业绩，也擅长人员管理，那么我是否有可能成为销售经理？

"做到这一点之后，也许董事会就会指定我为副总裁。一旦现任总裁进一步高升，或是退休了，那么我就有可能获得总裁一职。"

以上就是如何来对梦想进行分析的方法。只有通过这种方法，才能让实现梦想的过程更有逻辑性。

也许你脑中的梦想很不现实，但是在你的蓝图上，它们可能会变得非常实际，非常有逻辑性。

《读者文摘》的故事

杜威·华莱士在一战中负伤，这是很久以前的事情了。

在医院里，他喜欢上了读书，但是发现要读的东西太多了，而自己的时间有限。于是，他想到，"发明一种新闻文摘怎么样？"

他反复思考着这个问题，甚至还写下了几个虚构的杂志名。

回到家里，他重新回到西部电气公司的广告部门上班，但是在业余时间仍旧思考着之前的想法。

他已经走到了第3步，正在思考着如何才能"确定方向"。

在1921的经济危机中，他失业了。他跟妻子莱拉·贝尔·艾奇逊·华莱士一起，制作剪报，并粘贴成一篇篇文章。

1922年2月，他用借来的1300美元创办了《读者文摘》。

他们花了很长的时间来经营，不过成功与年龄无关。到了后来，他们夫妻俩已经雇用了74位编辑。

该杂志美国版的发行量也已达到了1000万册！

男孩的梦想成真

吉恩·高斯曾经是一个洗碗工，每周只挣 8.5 美元。

他讨厌老板对他大喊大叫的样子："喂，小子，给我多洗点儿。"

因此，高斯梦想着能够取代老板。

他把这个梦想写在纸上，然后开始采取行动——他已经知道从哪里开始着手。

高斯把自己好不容易积攒的一点儿钱投在了打工的这家小咖啡馆上，然后又投在了一个二手车行。

在车行中停放的三辆车中，他在其中一辆上放了一块牌子，上面写道："偷来的——请带走。"一个小偷真的把这辆车偷走了。幸运的是，保险公司对该车进行了理赔。

用咖啡馆赚来的钱买下这三辆旧车后，又依靠这些车获得了一笔数目不小的钱，在这一过程中，高斯靠的不仅是运气和贵人相助。

过了一段时间，在达拉斯市，这个男孩实现了自己的梦想，他买下了之前工作过的那家咖啡馆。

最近，达拉斯市的一则新闻报道了他的事迹，讲述了他是如何把 10 美元变成三辆二手车、一辆凯迪拉克，以及价值 6.5 万美元的住宅的。

世事无常，有意思的是，之前的老板现在已经成了高斯的记账员，并自诩为"合作伙伴"。

为你的梦想进行"踩点"

想着跳过之前的步骤，不成为小组长或是初级管理人员，就直接成为销售经理，这就是本末倒置，把马儿放在马车后面的做法。

就像戏剧中的吉米·瓦伦丁为实施盗窃而踩点，你也应该为梦想"踩点"。

如果你想得到一件皮草大衣，光靠想是想不来的。

你必须考虑一下："我怎样才能让自己显得更漂亮呢？如果能够变漂亮，也许我就能吸引到一个有钱单身汉，让他给我买一件貂皮大衣。"

或者你也可以这么想："我并不漂亮，但是我有本事。我能成为店里的采购助理，然后成为采购经理，这样我就有机会了解各式各样的服装。之后我再学习服装设计，不久就有机会跟生产商见面。这样一来，我就能够帮助生产商设计出更受欢迎的衣服，因为作为采购经理，我很清楚女人都喜欢什么样的衣服。"

这就是把梦想逻辑化的过程。确定方向，然后对梦想进行踩点。

现在，作为一个著名的设计师，你可以尽情地买下自己想要的貂皮大衣了。

此时，马儿所在的位置——马车前面——才是正确的。

1000 位成功人士都是这么做的

在我的专栏"成功的秘诀"中提到的那 1000 位成功人士都是通过这么做，才让梦想成真的。

最近，一本商业杂志对劳伦斯·赫尔姆斯的事迹进行了介绍。4 年前，他浑身上下只有 17 美元。如今，他已经挣到了自己的第一个一百万。

作为穷人家的孩子，他靠着收集浆果来卖钱，不过他总是梦想着能够成为有钱人。

他注意到汽车的散热器护栅有着很大的市场，于是带上自己的 17 美元和借来的 500 美元上路了。

他怀揣着梦想，开起了一家生产护栅的小店。他离成功越来越近，可是因为设计缺陷，他破产了，随后还伤到了腰。但是，他并没有气馁。

他的脑海中仍然惦记着自己的梦想。让医生感到吃惊的是，他再一次站了起来。

最后，通过把护栅卖给汽车厂商，他挣到了一百万。

跟着幸运女神走向成功

请记住，世上没有那么多走运的事，也没有多少人能拉你一把。但是，当你能够为自己创造好运的时候，你就可以尽情地加以利用。

只要愿意，乞丐也可以为自己制作一匹木马来骑。

"幸运女神"似乎总是光顾那些知道从哪里着手来实现成功的人——那些有着明确的目标、坚定的决心，并且不会本末倒置的人。

住在北达科他州瓦利城的艾里森·J.西摩，就做了一个梦，一个关于烟斗的梦，从而发了财。

在一战和二战中，作为一名少校，艾里森喜欢上了雕刻烟斗，以此来消磨时光。他梦想着能够让烟斗体现出主人的身份和个性。

战争结束时，他的战友们已经给他下了很多订单。于是，他开始思考如何才能真正实现这一想法。

他做了一个正确的梦，如今，他的烟斗已经行销全球。

他首先是有了制作新型烟斗的想法，然后才学着如何雕刻烟斗，接着把雕好的烟斗卖给战友，进而在瓦利城进行销售，之后又在本州内进行推广，继而在全美国进行销售。

如今，他的烟斗已经卖到了世界各地。由此可见，"确定方向"对于实现梦想多么重要！

要想确定方向，有一个好办法，就是向别人寻求建议，并认真听取他们的意见。

有时，只要有一个虚心接受的大脑，就能化解困难，取得成就。在密歇根州的布坎南市，有一家生产麦克风等电子设备的大型工厂，如果其总裁阿尔伯特·R.卡恩不是一个虚心接受之人，就不会有这家工厂的今天。

二战打响时，由于民用麦克风即将被勒令停产，这家工厂陷入了危机，因此当务之急是要开发一条能够满足军需的新生产线。

这时，卡恩先生与一位朋友一起吃了一顿午餐。这位朋友是一家广播杂志的广告经理，梦想着能够拥有一种新型的麦克风。他努力把这一想法解释给懂技术的朋友们，但是大家对此却嗤之以鼻。一个做广告的人能知道什么呢?

卡恩先生却没有对这一想法嗤之以鼻。朋友把自己的想法画在了桌布上（第二步），他则仔细地观察着。卡恩从中看到了军用价值——这一设计能够把在轰隆作响的坦克中的说话声传递出来，而且是只传递说话声，并不会传递坦克本身的噪音。

他对这一项目投入了巨大的人力物力，终于，这种唇部麦克风被部队采用。当其生产最终获得批准之后，该工厂不得不扩建再扩建。

战争接近尾声时，卡恩先生又为民用生产想到了一些主意。虽然工厂的生意越来越大，但是卡恩先生仍然保持着把梦想写在纸上并付诸实践的习惯。

把马儿放在马车前

任何人都有权做自己的发财梦，这没什么难的。但要知道从哪里起步，则需要一些奇思妙想和深思熟虑。

财富积累的秘诀就是绘制明确的蓝图。

梦想的成熟，须有一个循序渐进的过程。

二战中，乔·普雷斯的颈椎骨折了。在接下来的两年里，他一直在麻省的库欣荣军医院接受治疗。他无法动弹，但大脑仍然可以思考。

他梦想着把法国香水引进美国。

他"明确了自己的目标"（第一步）。可以活动之后，他把梦想"写在了纸上"（第二步），然后又开始"确定方向"（第三步）。

最后，乔有了 50 万美元的订单。他依旧躺在医院的病床上，可是他已经成了一款法国著名香水在美国的独家代理商。

这就是知道如何把 1 加上 1 得到 2 的例子，这就是知道不要说"如果我能离开这里就好了"，而是"我如何能够在接受治疗的这段时间开展生意呢。"

能打败我们的只有我们自己

开始行动

一旦你把梦想按照逻辑顺序写在了纸上，那么你就可以开始采取行动了。

因为，没有行动，梦想永远是死的。

华盛顿市造就了一百多万种发明，但是这些发明都没有被行动激活！

一旦你确定好方向，那么就开始行动吧。

梦想已经等待着被上好发条，运转起来了。

而让休眠着的、静止不动的梦想获得动力，靠的就是信念！

信念就是能让梦想自动上好发条的起动器，能让梦想动起来。

相信自己能够梦想成真，你的身体机能就会开始朝着梦想的方向前进。

当你坚信某件事情一定会发生时，这件事情往往就真的会发生。你瞧，你的整个身体都弯向信念的方向了。

让梦想行动起来就是这么简单——相信自己！

信念 = 动力

当你有求生的意愿时，当你相信自己可以活下去时，你可能会做出超越常理的事。对于这一点，医生们可是再清楚不过了。

很多医生曾经说过："他活不过 3 个月。"但是病人并不相信，因此活了下来，他战胜了不可能。

"我知道我会成功"，坚信这一点就能让你成功。

燃烧的信念会在你的潜意识中留下烙印，从而激发化学反应，释放出一股无形的电波，将成功吸引到你的面前。

就像雷达波束能够搜索到目标一样，你那被刻上愿望烙印的潜意识大脑，早晚也会搜索到之前的愿望。

终有一天，我们会发现，自己的潜意识仿佛就是一台电视机兼发射台。我们可以对其加以利用，就像把图像信息发送到空间中，再用电视接收这些信息一样。

潜意识就是这样一种可以发射和接收影像的电视机。

信念让梦想变得真实

不妨读一读克劳德·布里斯托尔的《信念的魔力》。作为一名新闻人，克劳德意识到，强烈的信念会让人拥有魔力，从而实现自己梦寐以求的愿望。

他提到，为什么当你朝着雪地里扔石头时，没有一只鸟儿会出现，但是当你朝着雪地里扔面包时，鸟儿就会从几英里之外飞过来呢？

雷达？还是它们脑中潜藏着某种力量？

你一直使劲盯着别人后脑勺看的话，不一会儿他就会朝你转过头来。他之所以会这么做，是你身上散发出的某种东西所致。

很多做母亲的曾经突然跳起来，大声喊道："我的儿子死了。"果然，一周之后，陆军部发来的电报声称，她们的儿子于一星期前牺牲了。

事实就是如此。虽然我们还未完全掌握潜意识起作用的科学原理，不过可以确定的是，它是一种强大的力量，而信念则能够调动这股力量。强烈的信念似乎能够形成一种电流，从而作用于大脑。

这种脑电波仿佛能够控制大脑的行动，就像你摁了门上的按钮，房间里的门铃就会响起一样。

你知道门铃会响，你也知道，信念会敲响你潜意识里的门铃。

想要让梦想成真的意愿会给你的身体注入一种能量，从而把无形的梦想变成现实中的貂皮大衣、婚姻、凯迪拉克、健康，以及公司的销售业绩。

科拉卢卡的故事

加利福尼亚州加迪纳市的保罗·科拉卢卡坐在长椅上，心里怀揣着一个炽热的梦想。

他想要通过邮寄的方式来销售维生素。最近，他跟我说，别人告诉他这是不可行的。

他并不认为这种做法是不现实的。经验丰富的直邮销售员告诉他，也告诉我说："每个路边拐角处都有一家销售维生素的药店，所以谁还会通过邮件来购买维生素呢？"

科拉卢卡没有放弃自己的信念。他开始筹备维生素俱乐部（第一步），他成立了一家名为"口服维生素"的俱乐部（第二步），他开办了一家直邮店铺（第三步和第四步），于是销量真的来了。

谁说像福特、洛克菲勒、摩根和梅西那样创造财富的日子已经一去不复返了？

尤金和阿瑟的梦想

有两个人，尤金·R.法尼和阿瑟·W.帕西瓦尔，决心自己当老板。

他们成立了一家名为太乐币的公司。根据前四个步骤，他们想清了目标，写了下来，确定了行动方向（首先从投币洗衣机开始），然后通过信念让计划开始运转。

他们通过授予洗衣机的经销权，让3000人拥有了独立的投币洗衣机店，从而建立起3000个业务点。

此后，他们进一步开发出能够自动榨汁的投币机。

在一年的时间里，尤金和阿瑟的梦想得以实现，并挣到了200万美元。

谁说梦想不能卖出去？谁说梦想不能成真？

为自己感到骄傲

你可曾停下脚步，驻足思考过，让人生变得成功的其实是生活中那些平凡的瞬间？重要的不是你拥有什么能力，而是你怎样使用这些能力。

回想一下你的过往，想想那些不起眼的小事。还记得你赢得摘玉米大赛时的情景吗？还记得你心爱的女友奖励你一个吻的时候吗？

记得你穿上自己亲手缝制的新裙子吗？记得你一直暗恋的男孩邀请你一起跳舞吗？

记得老板对你说："小子，你干得真不错！店里的橱窗从来没像现在这样吸引人。"

平凡的小事？没错。但是对我们来说，每件事情都很重要。

不管你在做什么，都尽力做到最好。如果你在拖地板，请努力成为镇上拖得最干净的人。如果你在挖坑，请挖一个比大家都好的坑。如果你在摘玉米，请成为整片田里摘得最快、摘得最多的人。

为自己所做的事情而感到骄傲，努力把手头的事情做好，你就能成为一个成功的人。

下次你开始工作的时候，请告诉自己："这份工作很重要。之所以重要，是因为我要来做这份工作，而我会做得比所有我认识的人都好。"

平凡的小事？不对，对你我而言，应该说是大事，因为我们把这些事做成功了。

信念要足够强烈

两手握好方向盘，才能把车开稳；两手扶好车把，才能把自行车骑稳。

"快看，妈妈，不用扶。"这样往往容易出事。

你需要把两手同时放在信念上，才能让梦想朝着正确的方向前进。

保持强烈的信念，因为信念能够通过潜意识激发行动。我们还不甚了解潜意识是怎样的一种能量场，但是我们知道它和雷达一样强大。

用信念将潜意识调动起来，这样一来，潜意识就会像雷达一样，侦察到成功的位置——也就是能让你梦想成真的地方。

信念让梦想由无形变成有形。

怀有成功的想法，你的思维也会发出化学共振，你甚至能在指尖感受到自己的想法在跳跃。

抱定我会成功的信念，这就是第四步。这一步会让你把已经想好并勾勒出的梦想变成实际行动。

你可不能错过。

诸如保罗·科拉卢卡、尤金·R.法尼和阿瑟·W.帕西瓦尔等真实案例都证明了这一点。

思维电波和无线电波一样强大

别半途而废

一旦梦想动了起来，就别让它停下来。

你的整个身体已经带动着梦想朝你的目标奔过去了，所以别因为其他诱惑而半途而废。

你已经在心里下定了决心，请勿忘初心。

有太多时候，我们禁不住想要妥协，心里觉得："嗯，好吧，有半片面包也比没有强。"

不，绝非如此。

你用半片面包欺骗了自己，当你妥协的时候，你其实是在偷自己的东西。

如果你已经把一件貂皮大衣放入了你的梦想，可别在得到一件羊皮大衣时就满足了！

让球一直滚

一旦火车停了下来，就需要耗费相当多的燃料才能重新开动。

别让梦想停下来，因为要让它重新启动实在是太难了。

请让你的梦想彻彻底底、完完全全地实现。

如果你梦想着能够去欧洲度假 3 个月，就不要突然说："能去 1 个月我也高兴。很多人连 1 个月的时间也没有呢。"

是的，但是大多数人并没有像你一样，有着这样一个梦想，并正在为之全力冲刺，他们也许压根就不在乎。但是你不一样，你有一个飞速前进的梦想，所以请不要让梦想减速。请打败你的朋友！

如果你梦想着有朝一日能成为公司的总裁，就别在成为副总的那一刻说："能有今天，我已经很幸运了。"

不是的，你并不幸运——你是个笨蛋，一个扼杀动力的傻瓜。假如你未达顶点就罢手，你就是最不幸的。

请让梦想之球一直滚动。

目光要长远

愿望不要太过分，但是请把目光放长远。

然后，不要在未成功之前就放弃。

很多淘金者在距离金子只有 3 英尺的时候却放弃了。

让成功成为一种习惯，因为习惯很难被打破。让倒霉成为习惯很容易，让成功成为习惯也很容易。

别在未成功之前就罢手。

贝比·鲁斯打出的全垒打比任何其他球员都多，而他三振出局的情况也比别人都多。

他从失败中汲取经验，而没有因为失败而气馁，他的目光很远大。

所以说，把得到最高的职位、最高的薪水或最高的销售业绩作为目标吧。

别让自己失望

曾经，国际塑料口琴公司的总裁——费恩·R.马格努斯告诉我，如果他过早就放弃了，就不会有如今的成功。

二战时，他很想买一个口琴，可是哪都买不到，因为制作口琴的材料都投入军需生产了。因此，他只好自己制作一个，他在这上面花了三年的时间。

原本制作一个口琴需要用 80 个零部件，可是由于战争期间材料短缺，根本不可能凑齐这些零部件。最终，费恩只用 5 个零部件就制作了一个口琴。

结果，他迅速成为当时全球最大的口琴生产商。

他用 1+1 得到了 2。

他没有说："如果我有 80 个零部件，我就能制作一个口琴。"相反，他却说："在没有 80 个零部件的情况下，我如何才能制作一个口琴呢？"

他找到了一种方法，也获得了财富，因为他没有中途妥协。

别中途妥协，别让自己失望。

哪个托尼有这种波浪卷？

理查德·内森·哈里斯凭借托尼冷烫的想法挣到了 100 多万，也证明了能够挣到 100 万的时代并没有随着沃纳梅克、福特、博洛茗和阿斯特等人而消失。

1936 年，他从耶鲁大学毕业。他拒绝跟随父亲从事可观的羊毛生意，只跟父亲借了 5000 美元。

他有了一个想法（第一步），然后把这个想法写在了纸上（第二步）。在多次尝试未果后，他终于弄明白了应该从哪里开始着手（第三步），然后他又发现了如何付诸行动（第四步）。

只是，他进展得十分缓慢。还有另外 12 个人也在尝试冷烫的方法。冷烫工艺所需的设备当时是非常昂贵的。

因为哈里斯从没想过要中途妥协（第五步），最后，他终于找到了一种可以在自家进行永久烫发的方法，而且价格不贵。

之后，吉列安全剃须刀公司用 2000 万美元买下了哈里斯的设计。

天啊！他该庆幸自己没有中途妥协吧。

他没有中途妥协

"头脑里的想法并不需要花钱买，因此，我们只需要敞开大脑，接受周围那些简单而美好的事情。对我们而言，这些事情不仅颇有回报，而且能让我们的生意变得更有价值。"

以上这段话，就是小麦克斯·赫斯总结的成功秘诀。正是这些秘诀让他在宾夕法尼亚州拥有了一家百货商店，走上了人生的顶峰。

1920 年，20 岁的赫斯继承了一家濒临破产的公司，而他最终将该公司变成了一家年销售额达 1500 万美元的零售业巨头。

　　他是如何做到的呢？首先，他想到了每月要保证周转较慢的商品的销量。这一举措让商店的库存周转次数达到7次/年，而当时的大多数商店仅能达到4次/年。

　　随后，赫斯使自己成为镇上官方欢迎委员会的成员，负责欢迎艾伦镇的新住户。每当有人家搬到镇上，他总会送去一盒糖果作为礼物。糖果盒子的封面上印着一幅当地的地图，从地图上可以看出，几乎每一条路都可以通往他所经营的商店。

　　在这之后，赫斯还会私下邀请新来的住户一起共进午餐。饭后，他会带着住户到他商店里逛上一圈。

　　赫斯还有一个成功秘诀，被他称为"租借计划"。该计划允许顾客每周支付几美分就可租借摆盘用的镀银餐具，这一做法让商店的银具存量超过了当地的所有商店。

　　给理发的孩子赠送糖果这种小细节，恰恰增加了商店的知名度；给年轻的顾客赠送生日礼物的举措，也于无形中增加了商品销量。

　　不满足于一辈子只实现一个梦想，赫斯就是这样一个人，所以他的很多梦想都得以实现。

他也没有中途妥协

除了英国国王，纽约的海瑞·温斯顿可以说是收集历史上著名宝石的最大藏家。

一开始，海瑞还只是一个珠宝商的学徒，在使用了六步法之后，他拥有了希望之钻、神像之眼、一颗126克拉的琼格尔之钻以及一颗337克拉的蓝宝石。

他没有在获得一个或几个世界名贵珠宝以后就满足了，而是一直为之努力不懈，直到他觉得自己完完全全实现了当初的梦想。

你也不应该中途妥协

当你在我的专栏中读到那些成功故事的时候，不要忘了，他们都是在近10年或20年间创造了自己的成功，这意味着美国这片土地仍然是"机会之地"。

1000个人是不会错的！确切地说，像马格努斯和哈里斯这样创造了巨大财富的1000个成功人士并非只存在于过去，他们就活在当下！

你想要健康、独立、安全感、孩子、房子、家庭、爱情、生活和自由，想要一件貂皮大衣，一辆凯迪拉克，一次周游世界的机会。

让自己做一个最疯狂但并非不切实际的梦，然后试着让魔法公式发挥魔力吧。

一旦魔法公式奏效了，可别过早妥协。

要坚持不懈，执着于自己的梦想，别让梦想之路随便拐弯。

坚持住！不实现全部梦想就绝不罢手！

火车往往需要后退一下，才能开动起来。

实现了，别贪多

一旦梦想实现了，请接受这一刻，然后给自己放个假。

别给自己的梦想打折扣，但也别贪多。

尽情享受那通过努力得来的这一切。

别永不知足，一味想要获得更多的成功，赢得更多的成就。

放松下来，享受自己梦寐以求的这一切。

一旦你确信自己的目标已经完全实现，梦想已经成为现实，那么就要学会如何享用。

为一个梦想努力了这么久，当梦想成真时，为什么不去享受它呢？

这就好像煎好一块喷香、吱吱作响的牛排，然后却弃之不顾，转而开始煮豆子，只为证明你不仅会煎牛排，还会煮豆子。

野心不等于贪心

野心和贪心是有区别的。有野心没什么，只要你在野心完全实现的时候，认清现实，马上停手就行。

可是很多时候，你会产生一种追求更大成功的欲望，这种欲望让你根本停不下来。不久，就像那些试图征服大半个世界，却心有余而力不足的勇士一样，你注定会走向失败。

医生来了，护工也开始向你这位潜在客户招手。

贪婪会让你崩溃，从而无法欣赏任何事物。

跟黑貂大衣相比，自己的那件水貂大衣看起来太廉价了。跟劳斯莱斯相比，你梦寐以求的那辆凯迪拉克似乎也低人一等。

你再一次变成了一个"穷人"。

贪婪之心已经让你误入歧途。

幸福之人方能享受成功

如果你没有意识到，今天的成功，曾经是昨日的梦想，你就无法享受当前得来的这一切。

你会催着自己去追寻新的财富。很快，你就会因为分寸大乱而成为"穷人"。就连鱼子酱和香槟对你来说，也不稀罕。

只有一个汉堡可以吃的孩子，他吃得也比你享受。

风水轮流转，你的好运已经到头了。记忆很快就会把你带到曾经的吧台边、摊位边或厨房里，让你不禁纳闷，发生了什么！

这就是发生了什么：你无法享受成功。

你把成功彻底榨干了。因为喜欢成功的这种感觉，于是你一而再，再而三地榨取它的价值，直到最后医生和保险业务员不得不对你发出警告。这时，你已经一贫如洗了。

很多时候，人们使用了这一万能秘诀后，觉得并没有什么难的，于是就开始滥用起来，以至于最后完全丧失了其中的乐趣。

这些人没有意识到，今天的成功，曾经是自己昨日的梦想；今天的一切，正是昨日梦中所期待的。

当成功到来之时，坐下来，尽情享受它。能够享受今天，而且不为明天感到忧虑的人，才是快乐之人。

别给梦想打折扣，但也别把自己逼得太狠。

洋娃娃的医生

在"成功的秘诀"里提到的 1000 位成功人士中，有一位叫作 T.E.伯顿，住在弗吉尼亚州的里士满，他擅长"医术"。

当他还是马里兰艺术学院的一名学生时，在为孩子修补了两个洋娃娃以后，他对洋娃娃产生了兴趣。

朋友们带着坏掉的洋娃娃找到了他，然后朋友的朋友也来了。

不久，他开始收到邮寄的修补订单。如果是"小手术"，他只收取 3 美元；如果是大的修补，则会收取 20 美元。

伯顿在自己喜欢的事情上获得了成功，当他在弗吉尼亚州的公路部门上班时，他就梦想着能有这一天。

不过他知道应该如何享受这个梦想。现在的他并没有想着到帝国大厦里租一间大办公室，也没有想着要成为一名真正的医学博士。

能成为一名"洋娃娃的医生"，他已经感到满足。

他想的不是"如果我能成为一个修补洋娃娃的好手"，而是"我如何才能？"当他达到目标以后，他就让自己放松下来，从而能够充分品尝成功的滋味。

值得牢记的一条法则

"猴子穿上丝绸，也还是一只猴子。"

你知道有多少人拼尽全力来积累财富，却从不花时间来提高自己的修养吗？要知道，修养是一个人最重要的资产。

这些人显然没有听说过上面那句谚语。

其实我们每个人都能从中获得启发。

当我们每天忙来忙去，努力想要成为行业第一时，请不要忘记，金银并不一定是成功之人的标志。

事实上，当今时代的伟人皆是因其出色的修养而成名的！

当然，获得财富是一件好事，前提是财富的积累是以诚信为基础的，并且我们能够做到合理利用这些财富。

当我们全力往上爬的时候，可别忘记这条黄金法则，否则可能会因小失大，亲自断送了剩下那些位于诺克斯堡金库①的金子。

---

① 诺克斯堡金库是美国国库黄金的储存地。

巴德的故事

在我所了解的 1000 个成功人士中，获得成功之后，懂得停下来享受成功的，还有康涅狄格州诺维奇镇的巴德·沃德。

巴德是一名麻痹症患者，双手都被固定在身体两侧。

他梦想能够修理收音机，他知道自己想要什么（第一步）。他没办法用手写下来，于是就写在了大脑中（第二步）。通过阅读相关书籍，他学会了如何修理收音机（第三步）。

他雇用了一个手指灵活的人，能够按照他的指示进行工作（不要忘了，他的双手都被固定到身体两侧了），就这样，他把自己的想法变成了行动（第四步）。

他没有中途妥协，放弃自己的梦想（第五步），但是当他发现成功已经降临时（第六步），他并没有贪心地想要成立连锁店。

他满意地享受着自己的梦想——拥有一家收音机修理店。他用大脑进行修理，而他的得力助手，尤金·雷蒙德，则用双手来配合他。

成功来得容易，去得也快

一旦你获得了成功，可别疏忽大意，以免突然降临的成功转眼间又消失不见了。

还记得《百战沙场》和《第七天堂》这两部著名的电影吗？

还记得老一代影星西达·巴拉吗？她曾是第一代交际花。还有让连体泳衣风靡一时的安内特·凯勒曼？

她们的成功都离不开一个人，威廉·福克斯。当然，福克斯本身也是一个白手起家的例子，只不过其结局有些悲惨。

福克斯的老板拒绝给他涨 3 美元的工资，于是他辞职了。他使用了成功的六步法，在布鲁克林开办了一家"五分钱影院"。

这就是好莱坞福克斯影业①的前身，价值几百万美元，而福克斯本人也享受到价值 640 万美元的保险。

然而，1929 年，福克斯的电影王国轰然倒塌。对于这位匈牙利移民而言，真是来得容易，去得快。其中的经验

---

① 即21世纪福克斯的前身，在1935年由20世纪电影公司和福克斯电影公司合并而成。

教训就在第六步——承认成功，并知道何时给自己放假。
否则，你可能会失去一切。

死前别当一个"穷人"

很多人到了临死前，都成了穷人。他们梦想着能在镇
上最高的那座山的最高峰，找到梦幻城堡中的那笔财富。

他们成功了。可是当他们站在山顶上，却发现自己没
有别处可去，于是他们开始盘算着登天揽月。

因为把一切都押在了"下一次机会"上，他们的事业
常常因此而毁灭。

他们对自己的第一份事业很了解。但是一颗不安分的
心，让他们冒险涉足其他业务，从而走上了破产之路。

除了这种情况之外，还有一种情况是，他们被成功冲
昏了头脑，再也走不出来，最终贫穷地死去。

狠狠攥住你的梦想，使劲，别给梦想打折扣！但是，
当你实现梦想的那一刻，记得放松下来，尽情享受。

别去登天揽月——月亮有什么稀罕的

第三部分

更多通往成功
的钥匙

别想"如果"，想想"怎么做"

学会编辑你的能力，做你自己的编辑，避免提及"如果"二字，而是利用"如何"二字让自己赢得成功。

如果愿望变成了马，那乞丐都去骑马了。

坐在公园长椅上的任何一个乞丐，都能拥有自己的一匹马——至少是一匹木马。

只要他不再纠结于"如果"，而是开始思考"如何做"。

把公园长椅上或酒吧凳上的梦想变成现实生活里的工作，不过是一个机械过程而已。

我已经把这一过程告诉了你，现在让我再进一步加以阐释，并着重强调两个字：如何！

作为一名报社记者，我的工作要求我要讲清"事件、原因、时间、地点、人物"这几个方面。

但是我的编辑总会说，最重要的是搞清一件事是如何发生的。

"如何"二字正是所有新闻报道的根本。

如何让梦想产生磁力

我错过了航班，那么我是不是应该坐下来，抱怨说："如果我早点儿到机场就好了？"

这么做于事无补，因此我开始琢磨："我如何通过乘坐其他交通方式来完成此次演讲的安排呢？"

"如果我有一百万……"一个女孩看着服装店里的漂亮衣服，叹气着说道。可是这么说于事无补。

旁边的另一个女孩心想："我如何才能挣到钱来买这些漂亮衣服呢？"

她思考着别人是怎样赚钱的。她有了一个计划，并且开始付诸行动。

她意识到，正是"如何"两个字让她的梦想产生了磁力。关于这一点，相信你已经在万能秘诀中发现了。

这些女孩的故事仍然不时在你身边发生。

灰姑娘仍然活着。

当你受挫的时候

当你感到受挫时，不要说"如果怎样"，你要想想"如何做"。

哈里·杜鲁门没有说"如果我能赢得人民的支持",而是坐下来思考"我如何才能得到选票"。

在所有民意测验都不利于他的情况下,他最终成功连任美国总统。

推销员查尔斯·拉克曼思考着"我如何才能成为公司的总裁呢?"后来他真的成为白速得公司的总裁。

躺在火车下铺的推销员没有说:"如果我是老板,今晚就能在家跟老婆孩子一起了。"相反,他开始思考,"我如何才能成为公司的老板呢?"不久他也真的成了老板。

文森特·雷吉奥,曾经是好彩香烟公司的一名推销员。他同样是懂得思考"如何做"的人,因此后来成了这家公司的总裁。

"如何"二字能带你走向成功。

一个真实的故事

在有"机会之地"之称的阿肯色州,真实期货股份有限公司成立了。

那一年的夏末,这家公司面向 120 人进行了一次股票发行，最终有 50 人参与了认购，累计募集资金 670 美元。更重要的是，这次发售让赫伯特·特鲁和妻子贝蒂·安获得了实用心理学方面的经验。

27 岁的赫伯特·特鲁是广播和电视节目的编剧和制片人。

作为一个拥有戏剧天分并急于证明自己的年轻人，他想要掌握有关电视和广播的一切知识，同时又能养活妻子和两个儿子。

1950 年的夏天，他进入 NBC 电视台的夏季研修班和西北大学的研究生院。由于成绩出众，他在次年获得了西北大学的奖学金，使他得以完成研究生期间的学业，同时又能深入学习电视运营各环节的知识。

奖学金除了用来支付两个学期各一半的学费以外，就只剩 700 美元了，这点钱根本不够养活一家四口。然而，赫伯特发现了一个商机。他琢磨着如何才能获得更多的钱，而不是"如果自己能有足够的钱"。

因此，他开始着手组建真实期货股份有限公司，希望通过这一举措为自己的学业筹集到足够的资金。

赫伯特列出了大概 120 个人的名字，并给这些人寄了一封两页纸的信，一张印刷正规的真实期货股份有限公司 5 股股票凭证（价值 5 美元）以及一张贴了邮票的邮寄存款单（收件人为圣路易银行）。

西北大学给他提供了每月租金仅为60美元的活动房屋。此外，靠着700美元的奖学金，一些兼职工作挣来的钱，以及出售股票凭证所获得的钱，赫伯特足以成功完成接下来两学期的学习。

这难道不是一个真正的成功故事吗？

成功来自"如何"二字

一家高档乡间俱乐部的修理工说："如果我有钱的话，我就能成为这家俱乐部的会员，而不是一个被叫来干活的修理工。"

他的生活并没有因为这么想而有任何改变。

达拉斯市的鲍勃·桑顿没有说："如果我是哪家银行的行长，我就可以建一座高楼大厦了。"

他想的是："我如何才能成为银行行长。"他找到了其中的办法，于是成了商业银行的行长，并建起了银行大厦，而且是在战争期间建起来的。

他没有说："如果我能搞到钢材。"他想的是："我如何才能得到钢材。"他找到了办法，银行也因此拔地而起。

所以，从现在开始思考——我如何才能完成一笔大订单？我如何才能得到提拔？我如何才能挣到钱？

别当一个坐在公园长椅上满脑子"如果"的人，要当一个爱动脑筋琢磨"如何做"的人！

成功更青睐于那些爱思考如何做的人！

他让帽子更加贴合

哈利·罗尔尼克没有想："如果我能做出一种贴合男士头型的帽子。"而是在心里琢磨着："应该如何做呢？"

在欧文·皮尔斯等得力干将的帮助下，他找到了一种方法。然后，他成了拜耳-罗尔尼克帽业的总裁。

他们的帽子适合全国各类头型的男士，因为罗尔尼克找到了如何做的方法。

在美国的各大作坊和工厂中，这也被称作"实际经验"，也就是"知道如何做的知识"。

这一点用在人身上同样管用。抱怨着"如果我是工头就好了"的工人，绝对成不了工头。

坐下来思考"我如何才能成为工头，成为主管——如何才能提高自己的能力，从而得到提升？"的人，通常能够找到其中的方法。

"知道如何做"才是关键!

当今的成功秘诀

"一粒又一粒,母鸡填饱了肚。"

对于目前的年轻人来说,这一古老的谚语是多么适用。

在过去的几年里,上千名年轻人曾问过我,他们应该如何在商界闯出一片天地。

其实,他们真正想问的是:"我怎样才能从更高的平台起步?"

像曾经的我一样,现在的年轻人已经开始认识到,通往成功的路并非坦途,也并非一蹴而就。对大多数人而言,我们不可能一蹴而就,一步登天。

不过,刚毕业的年轻人,刚走上工作岗位的年轻人,是能够在工商业和农业领域实现自我价值的。

这是因为,在美国这个伟大的国家,成功仍然大有可能。事实上,今天的年轻人,只要愿意脚踏实地走好职业道路,肯吃苦,肯付出,就能够实现几年前大多数人想都不敢想的目标。

六个小仆人

这些仆人会为你服务，不管你是在公园长椅上，还是在酒吧凳上，或者是客车的上铺上。

他们会为每一个人服务，正如他们会为新闻记者服务一样。

他们就是："是谁"先生，"什么事"先生、"哪里"先生、"时间"先生、"为什么"先生，还有最重要的——"如何"先生。

学会编辑你的能力，做你自己的编辑。

避免提及"如果"二字，而是利用"如何"二字让自己赢得成功。

请让这六个小仆人帮助你梦想成真！

华尔道夫酒店曾经只是一个梦

第二章

草根创业的时代并没有结束

如今，有很多财富被创造出来，而创造这些财富的人，正是跟你住在同一条街上的邻居。

我曾不止一次地暗示过，你不必非得成为第二个福特、第二个爱迪生、梅西、沃纳梅克或莱特兄弟，才能创造出财富。

有太多时候，人们往往会说："哎，现在要挣到 100 万太难了。各种汽车、商场以及各种小玩意，我们需要的东西都有了，百万富翁的时代已经一去不复返了。"

这么说就错了。

如今，更多拥有成功秘诀的人，有些已经积累了大量财富，有些也正在创造着财富——就在此时此刻，就在你家所在的那条街上：

若干年前，也就是 1936 年，加利福尼亚州科尔顿市的伍德罗·米勒还是华盛顿的一名公务员，但是他并不满意。

于是，他进入一家蜂蜜公司。在这里，他每月的工资只有 50 美元。

他成功地运用了魔法公式。一步步地，从想清目标开始，到确定方向，并将计划写在纸上，然后开始采取行动，拒绝妥协，直到拥有了自己的蜂蜜公司。

结果，他不仅成为全球最大的蜂蜜生产商，还是美国养蜂者联合会的会长，美洲银行科尔顿分行的董事，市议员，以及科尔顿商会的成员。

多么甜蜜的一个成功故事！

卡尔的故事

卡尔·F.默莱是亚特兰大一家银行的初级经理人。曾经，一家银行业杂志在讲述他的成功故事时说道，他看见银行的宣传册杂乱地堆放在展示台上，他希望能有一个摆放宣传册的架子。由于没有生产这种架子的厂家，卡尔只好用塑料自制了一个架子。

一位前来拜访的银行家看中了这个架子，于是订购了一个。结果你可以想到，卡尔正在尽可能快地制作这种展示架。

卡尔没有说："如果有一个展示架的话，就能有更好的宣传效果，而不是像现在一样，所有宣传册都杂乱地摆在台面上。"

他明白，空想若能成真，乞丐也能发财。

所以，他开始思考："既然没有人想到要制作这种展示架，那么我如何才能做出一个呢？"

因此，在当今时代，虽然成不了像福特、爱迪生、梅西和沃纳梅克这样的人，但是卡尔同样能够创造出财富。

财富就在你的脚下

如果留心的话，你的脚下或许正踩着金币呢。

就像年轻的埃德·巴德——巴德公司的总裁一样。当他在 1943 年成为公司总裁时，公司里的所有人都说："巴德什么都能造，就是造不来钱。"

然而，巴德改变了大家的看法。他让公司开始生产汽车车身、犁具、食品设备、取暖设备、飞机零件，甚至还有微风号列车。

不久以后，巴德为公司带来的收益达到了以往公司全部收益的三倍，因为他知道自己想要什么，他制订了详细的计划，知道如何确定方向，然后开始付诸行动，并且不达目的誓不罢休。但是，他也总是能觉察到成功何时到来，然后及时给自己放假，让自己尽情享受财富。

你家后院的金子

1942 年，詹姆斯·B.斯科特和杜安·T.布拉迪借了 125 美元，然后投资做起了自己一直想做的生意。

不久以后，他们雇用了 32 个员工，资产达到 10 万美元。

他们并没有说，福特的时代已经结束了。他们说的是，斯科特和布拉迪的时代"即将到来"。

他们找到了一种方法，能够节省柴油发动机冷却系统的生产成本，还找到一种改进填饲机的方法。

他们不是抱着幻想，想要发明出一种新车，发明出一种新式电灯泡，或是去跟西尔斯百货竞争。

他们没有沉迷于空洞的构想，而是凭着常识，借助魔法公式，从而将梦想变为现实。

他使用了六步法

C.C.斯蒂德创办了一所商业学校，地点在田纳西州布里斯托尔一家小型剧院的楼上，只有两个房间，这是 1940 年的事情。

十年后，斯蒂德的学校搬到了约翰逊城附近。这时，学校的占地面积扩大到 10 英亩，资产也已达到 20 万美元。

这一切都发生在二战后的近 10 年时间里——就在美国这片"机会之地"上。

对 C.C.斯蒂德和妻子而言，他们的梦想成真了！

最近，我给他的学生做了一次演讲。随后，斯蒂德跟我说："在实现商学院构想的过程中，我也用到了你提出的著名的六步法。

"在这个过程中，也许我并没有意识到具体有哪六步，不像你跟我的学生讲述得这么详细。不过，现在听你这么一说，我意识到自己确实使用过这些方法。

"事实上，我现在就在教学生们使用成功的六步法，以便他们得到人生的第一份工作时，能够在成功的路上走得更快。"

霍雷肖·阿尔杰并没有死

D.A.胡西的事迹，也能证明霍雷肖·阿尔杰的时代（从农家子弟到公司总裁）并没有结束。

他原本是穷人家的孩子，后来成功当选为美国商会（1951年）的会长。

此外，在1952年，全美大中学校霍雷肖·阿尔杰奖评选委员会还给他颁了奖。这一特别奖项再次证明了成功并非不可能。

鲍勃·威利福德是另外一个阿尔杰式的人物。他从一名前台做起，最后成为希尔顿连锁酒店的老板。如果你问起的话，他会告诉你，正是这六步法让他的梦想得以实现！

另外，鲍勃的顶头上司，康拉德·希尔顿，也是一个通过六步法成功的人。他以身作则，向鲍勃展现了自己是如何成为酒店行业的大佬的！

鲍勃·桑顿，一个乡下孩子，他的梦想不是能够拥有更大的犁头和谷仓，不是成为美国总统，而是能够成为一家银行的行长。

他告诉我，他也使用了成功六步法。如今，他已经成为达拉斯市商业银行的董事会主席，而该银行的大楼是全市最高的建筑。

同时，桑顿还担任最大的州博览会——得克萨斯州博览会的主席！

《从乡下孩子到总裁》，阿尔杰的这本书名，用来形容鲍勃·桑顿真是再合适不过了。

埃德·谢尔顿的故事

1915 年的一天，一位年轻人站在一家旅馆的门前，他的目光落在了街道对面的一位年轻女子身上。

"那个女孩是谁？"他向身边站着的一位员工问道。

"法耶·洛文。"员工答道。

"给我安排一次约会，"这个年轻人说，"我要娶她。"

大概一年以后，也就是 1916 年 4 月 12 日，法耶·洛文成为了埃德·谢尔顿太太，而她的丈夫，正是在旅馆门前曾经看到过她的那个年轻人。

这个故事很好地体现了埃德·谢尔顿——一位推销员、银行家和得克萨斯州一家储贷协会主席的决心和毅力。

正如很多成功人士一样，埃德·谢尔顿在年轻时就懂得要确立目标，并坚守计划，直到实现目标。

怎样当好老板

当谢尔顿刚开始自己的事业时，他只有 1 万美元，其中一部分还是向合作伙伴或朋友借的。他确立了目标，并下决心一定要取得成功，然后就开始按计划实行。如今，他的公司资产已经超过了 2600 万美元。

在创业的过程中，谢尔顿为自己树立起这样一种形象：能够激发商业伙伴的斗志，也能够在不景气的时候，保持友好和乐观的态度。

比如，在大萧条时期，谢尔顿对成功的狂热追求，以及做大做强的坚定决心，使得公司的分红从未间断过；与此同时，公司被取消抵押品赎回权的情况也很少出现。

不过，埃德·谢尔顿的成功秘诀，并不仅仅在于其成功的决心之大。我每次想到他的事迹，特别是他第一次遇见未来妻子时的情景，就会从他身上看到我们大多数人都拥有的一件资产。

我的一个朋友，泰德·迪恩是这样说的："只要男人背后有一个贤妻良母，就无须担忧未来的艰难险阻！"

1+1 等于 2

是的，1+1 仍然等于 2。

前提是，你已经有了计划，并且知道如何实现自己的计划。

在我的专栏"成功的秘诀"中提到的 1000 个普通人已经证实了这一点。

而你，同样也可以证明给自己看。

只要坚信自己的梦想一定会成真，它就真的会实现。

有人曾说过："有志者，事竟成。"

这只不过是机械法则。

不需要魔法水晶球，也不需要吉卜赛命理师——你只需要一个跟"一加一等于二"一样简单而好用的万能秘诀就够了。

今天的成功，不过是你昨日的梦想

与成功人士为友

物以类聚，这句话同样适用于财富。钱能生钱，成功能招来成功。

一次，J.P.摩根遇到一个想要贷款 1000 美元的人。摩根伸出胳膊，搂住了那人的肩膀，然后说：

"让我们一起在证券交易所走一圈，到时候所有人都会愿意借给你 1000 美元的。"

摩根这话的意思是，假如你看见有人跟他这位大名鼎鼎的人并肩而行的话，你就会觉得你可以借钱给这个人。

看起来，即便是在金融领域，也遵循物以类聚的原则。如果你想要成为成功人士，请跟成功人士走得近一点儿。

他们在纽卡斯尔谈论煤矿

住在纽卡斯尔的人们可以尽情地谈论煤矿，而且互相都能听懂对方的话；住在慕尼黑的人们可以尽情地谈论啤酒，而且互相没有什么理解障碍。

两个成功人士能够理解彼此的成功之处，而且在谈论各自的成功时，能够给对方一定的启发。

住在迈阿密海滩的煤矿工人发现，自己很少能够找到说话的人，因为这里不需要煤炭，也没有煤矿，所以大家对煤矿并不感兴趣。

如果你想要在石油行业挣大钱，就别去波士顿。否则，就相当于有了愿望，却没弄清应该从哪里着手（第三步）。

你一定得去得克萨斯州，因为那里的人们都在谈论石油，都了解石油，这样，你投身石油行业的机会就要比在波士顿大得多。

万能秘诀里的第三步很关键：明确方向。

而这里的方向，就是搞清你想要在什么领域取得成功，然后尽量到这些领域的成功人士中间去。

物以类聚，人以群分。

到孕育成功的地方去

乔·路易斯一心想要成为世界拳王，因此他没有浪费时间跟剧院的人瞎混，而是来到了拳击手睡觉、吃饭和生活的地方。

乔·迪马吉奥一心想要成为棒球手，因此他没有选择在舞厅周围晃荡，而是来到了棒球场，跟棒球手们混得很熟，并且跟棒球手一起吃饭、睡觉，呼吸着同一片空气。

与此同时，阿瑟·默里则需要在舞厅里获得必要的背景知识和训练。

这样一来，这两位世界冠军就体验到了自己梦寐以求的事情，亲耳听到了其他人取得成功的方法，他们从前人的成功中获得了帮助和灵感。

如果你想要成为一名销售大亨，请加入当地的销售俱乐部或广告俱乐部，去参加销售会议，阅读销售类书籍，成为一名推销员——这样，你成为销售大亨的机会才最大。

作为一名车床工人，要注意观察工厂老板都说了些什么，试着了解他们，倾听他们的故事，争取得到他们的帮助。让别人看见你经常跟老板走在一起，不久之后，你就能了解他们的所思所想，进一步学会如何自己当老板。

你不可能在兽医学校了解到钻石销售的知识；你也不可能通过阅读《如何写短篇小说》一类的书籍而成为一名兽医。

兽医喜欢找兽医，小说家喜欢找小说家。百万富翁、穿着貂皮大衣的女士，以及开着凯迪拉克的男士也同样喜欢跟同类聚在一块儿！

你想要成为什么样的成功人士，就应该努力让自己接近这样的成功人士。也许，你还算不上能够融入他们的圈子，但是至少尽力接近他们，越近越好。

福特、爱迪生和费尔斯通

我见过的最震撼人心的照片，大概要数福特、爱迪生和费尔斯通三人的那张著名合影了。

他们都是朋友，都是百万富翁。他们在各自的领域都取得了成功，但是他们走到了一起，因此能够互相交流各自的成功之道。

每个人的成功都为其他人提供了启发。

加利福尼亚州西米谷的一个人，放弃了原本想成为建筑设计师的梦想。由于跟画家走得比较近，他逐渐对绘画产生了兴趣。

他喜欢狗，也认识很多养狗之人，因此决定开始以狗作为自己的绘画题材。到目前为止，他已经为上流人士画了 7000 幅狗狗的画像。

通过跟有钱的养狗人士为友，并融入他们的圈子，他赢得了很多买家的信任。

通过把自己的梦想跟能够帮助其梦想成真的人联系起来，E.罗伯特·希尔德布兰德成为全球最著名的画狗大师。

几天前，他还来到我家，为我家的杜宾犬约瑟夫画了一幅画像。

他与成功人士为友

最近，汽水行业数一数二的人物——巴尼·伯恩斯给我讲了一个推销员的故事，说这个推销员通过跟同行业的人保持良好关系，从而取得了非凡的成功。

巴尼说，这个推销员差点儿因为反应太慢而找不到工作。但是，几乎从刚工作的第一天起，他就开始打破现有的销售纪录。

他是这样做的：

他意识到自己的反应有点儿慢，于是在练习打电话时，把每一次都当作最重要的机会。他那些经验丰富的朋友帮助了他。

在跟那些有销售经验的同事打模拟电话时，他总是会从顾客的角度出发，并问自己："假如我是这位顾客，我想要听些什么？"

随着时间的推移，由于愿意并能够倾听别人的意见，这位推销员重拾自信，并且成为一位王牌推销员。他还掌握了公开演讲以及写作的技巧。

我认识的很多优秀的推销员，都能讲出相似的经历来。

事实上，这个故事中的推销员就是巴尼自己。不过，这也可以说是我自己职业生涯的一个写照。

别跟同行失去联系

婚姻需要两个人才能组成。而近年来，往往需要丈夫和妻子都在外工作，才能支撑一个家庭。

这是劳工部妇女事务局前几天告诉我的。

自 1930 年以来，原本全国只有 30% 的已婚妇女会外出工作，而现在已婚职业女性的比例已经大幅上升。

如今，半数以上的已婚妇女为职业女性。

经过大萧条和二战的爆发，再到现在高昂的生活成本，美国的商业格局已经因此而改变。

曾经，女性能够从事的职业非常有限，而现在，女性在各行各业——不管是政府调查员，还是生产线工人——都能够找到一份工作。

由于这一趋势的出现，我收到的读者来信越来越多是出自女性之手。

很多来信是由已婚妇女寄来的。她们表示，在当了几年家庭主妇之后，自己现在打算重新开始工作。

可是很多时候，她们做出重返工作岗位的决定，确实是有现实方面的需要，但是她们并没有为此做好准备。

这点很难说。作为一名家庭主妇，你无法预见自己将来会不会遇到这种情况。

但是，假如你曾经有过一份工作，就要跟该领域的成功人士保持联系。这样一来，每周只需花上几分钟的时间，你就能掌握行业的最新动态。

我不知道还有什么比这更强大的幸福保障，以防万一嘛，何乐而不为呢？

成功近在咫尺

所以，我在此重复一遍，如果你想成功，请先跟成功走得近一点儿。

当一群银行家聚在一起的时候，有关金融方面的想法就会纷至沓来。

最难忍受的家庭聚会，是让有些朋友跟另一些朋友待在一起，但他们互相之间根本听不懂对方的行话。

然而，让石油工人同处一室，让记账员同处一室，让伐木工同处一室，想法就会不停地涌现。

因此，当你选择毕生想要从事的行业时，试着跟该行业的人成为朋友。

成功孕育成功。

一个想法能孕育出另一个想法。如果你的周围全是和你有着一样想法、做法、愿望和期待的人，你成功的概率将会最大。

成功是一种能够繁殖的微生物

要对自己的梦想充满激情

激情会让你的大脑剧烈地沸腾起来，燃烧起来，如此一来，你获得成功的机率将会最大化——因为合理的热度能够成就伟大。

一个潦倒落魄之人若有所思地坐在公园的长椅上，叼着牙签，翘着二郎腿，自言自语道："要是我有一百万——"这样做对他有帮助吗？毫无帮助！

想要成功，你必须借助激情。

你每天都念叨两三遍："要是我嫁了个有钱人就好了——"这么做不会有什么用的。

你必须让想法在自己的体内燃烧起来。

你必须紧握双拳，绷紧下巴，憋足了劲儿说出："我一定会成功！一定，一定，一定会成功的！"

那么你终会成功。

因为你已经把你会成功这一事实深深地刻进了你的大脑和潜意识。

激情之火，将助你成功。

激情之火，助力成功

不久前，美国经典成功事迹的名单上又多了一个名字，这个人就是J.亨利·海特曼，一家知名连锁食品店——格氏兄弟公司的总裁。正是凭借激情和欲望，他才能如此迅速地攀上成功的阶梯。

在J.亨利·海特曼还是一个高高瘦瘦的 14 岁少年时，他走进了位于纽约第七大道 138 街的一家点着煤气灯的格氏小店，想要谋求一份工作，于是他成了店里的一名送货员，每周的薪水为 5 美元。

不久后，他成了店里的店员，又当上了店长。后来，他被调到公司的仓库，然后很快当上了查尔斯·格里斯蒂德的助理，负责总部的采购事宜。

九年后，海特曼成为各连锁店的采购主管，并在 1935 年升任公司副总裁。1948 年，当年公司一家分店的送货男孩，已经成了整个公司的总裁。

几乎每周我们都能听到一个类似的成功励志的故事。只要人们拥有挑选"星星"的眼光，具备想要追寻星星的动力和激情，并且拥有追寻星星的意愿和恒心，美国这个国家还是处处充满机遇，有机会赢得成功的。

大声喊出自己的心声

我并不想把你变成一个狂热分子，但是请记住，那些最强烈的欲望往往来自狂热者的心中。

他们大喊大叫，奋力咆哮，用力撕扯着自己的头发——也许你并不想跟他们一样，但请记住他们都有一个共同点：把自己的希望、愿望和欲望深深地烙在脑海中。

每种宗教都起源于一个烈火般燃烧的强烈渴望。你可以看看每一个教派创始人的眼睛，他们的眼睛里都燃烧着渴望之火。

当代很多传教士，如布道家比利·桑戴，都是凭借激昂的演讲和紧握的双拳成为关注焦点的。

他们讲话的时候都激情澎湃。

他们高举双臂，紧握双拳——他们喊得声嘶力竭！

美国最受欢迎的歌手之一约翰尼·雷也是如此。

自我暗示能够让你接受自己的梦想

对自己说出或大声喊出自己的梦想很重要，因为这正是自我暗示的过程。

你说服自己接受了你的梦想。

当梦想通过耳朵传给大脑时，大脑通过另一种感官——也就是听觉来感知梦想，因此梦想就会得到进一步加深。

记忆不过是时常沿着同一条轨道行驶的列车，次数多了，你也就记住了这列火车和它所载的货物。

一个想法一旦在大脑中重复出现，就会在大脑的沟回中留下一条"轨道"。

新兴的智力学研究——"戴尼提"将这种褶皱现象称为"记忆痕迹"。

《戴尼提》的作者哈伯德认为，在一个人出生前，他的潜意识就开始获取这些印痕或记忆痕迹。

他认为，我们听到、看到、摸到、闻到或拿到的每个东西都会形成一个记忆痕迹，而这些痕迹迟早会给我们带来我们想要的东西。

所以，要想成功，就让你的潜意识接受你的梦想吧。

重复你的"三个愿望"

这样你就能把三个愿望印刻在你的脑海中。

这样会产生另一种物理反应，从而进一步把梦想烙在你的脑海中。

高喊比低语更能令人印象持久。轻轻地说"我会成功"的确会有帮助，但大声喊出这句话却会激起你身体上的行动和体内的化学反应。

高声呼喊会激起你必胜的决心！

从早到晚对自己重复说："我一定会成功的！"然后静观其变，你会开始变得像一位成功人士。

法国心理治疗家库艾就曾提出过这样的主张。他会让你整日重复下面这句话："我各个方面每天都在进步，我正变得越来越棒。"

有上百个商学院在教授我们销售课程。正如我之前提到过的，每节课都会花一部分时间强调一件事——卖牛排的人会站起来大声吆喝道："我卖的是牛排的吱吱声，而不是牛排，小伙子，看到我的热情了吧！"

他们的的确确变得充满热情了！

对梦想满怀激情的人

第二个福特、第二个爱迪生、第二个沃纳梅克的时代，如今仍然存在，例如：

路易斯·O.费雷尔是一名年轻的美国退伍士兵，在带着妻子和小宝宝去旅行时，遇到了一个问题，就是无法让牛奶保鲜。为此，他发明了一种车载冰箱。这种冰箱之后的售价飙到了 38000 美元。

W.L.贾德森先生穿靴子时觉得系鞋带十分麻烦。由此他的心中也萌生了一个热切的梦想——用拉链来替代鞋带。如今你也已经用上了。

亨利·S.帕米利在芝加哥经营着一家钢琴工厂，厂里高昂的火灾保险让他心生不满，因此他发明了自动喷水灭火系统。

13 岁的汤姆·布兰查德是一名炊事兵，为了方便工作，他发明了苹果和土豆削皮器。

费尔班克斯发明了平台秤，因为他觉得当时的秤太不精确，太让人恼火。

这些都是有想法的人，他们知道自己要从哪里开始着手，要如何付诸行动，不会中途妥协，同时，他们也知道如何发现成功的到来，并尽情享受——这就是他们的万能秘诀。

但是，最关键的是，他们点燃了自己的梦想，并因梦想而满怀激情。他们大声对朋友喊出自己的梦想，他们大声对自己喊出自己的梦想。

他们因梦想而热血沸腾、慷慨激昂，而他们的梦想，正是从这热情之火和强烈情感中破壳而出的！

火能烧制出最上等的陶瓷，火能冶炼出最坚硬的钢铁，而恰如其分的热情之火，能够为我们造就出世界上最优秀的领导者。

所以，让你的梦想燃烧起来吧！

举起火把，照亮你的"三个愿望"吧！

热情会产生更多热情

第五章

当梦想遇到阻碍，该如何去做？

如果你的梦想陷入了泥沼，或者你的梦想城堡遇到了问题，你可以去做这五件事。

如果你所读到的每条秘诀都能完美奏效，那么大家就都成为百万富翁了。

再完美的秘诀，也会因很多事情的影响而无法发挥作用，比如不恰当的时机、世界性事件、当地的突发事件和各种混乱情况。

但是，这些都是你应该预料到的。

所有推销员都会告诉你，他们总是在潜在客户那里遇到障碍之后，才能获得订单。那些只会点头，却不提任何意见的人，很少能让你达成订单。

正是因为路上的沙子，你才能获得摩擦力，从而更好地前进。所以，当梦想变得模糊时，当梦想破裂时，不必感到沮丧。

当你面临这样的情形时，就可以做这五件事。

五点计划

下列五件事中，请选择其中一件事来做：

1、避免陷入困难

2、逃避困难

3、忽视困难

4、屈服于困难

5、与困难做斗争

当你的追梦之路突然遭遇障碍时，我想你大概就只有这几种选择。

你可以避免或逃避困难，你可以忽略它，甚至屈服于它——或者可以选择去与困难对抗。

做出你的选择吧！

在你做出选择时，你往往会发现自己真正的性格，因为不同性格的人会采取不同的行动来克服障碍。

你会选择哪一点？

如果选择避免困难，你可能是一个处事圆滑的人，前提是你一旦成功避免，就意味着接下来困难不会再出现了。

如果选择逃避困难，这种做法有时也是明智的，特别是当你遇到的困难像响尾蛇一样危险时，还是逃开为妙。就像有些人认为的，好死不如赖活着。

忽略困难是逃避困难的一种懒惰方式。一些人在忽略困难的情况下，往往也能应付得很好。至少，他们不会有什么烦恼，也确实没有多少伤痛之处。

很多人常常会选择向困难屈服，尤其是遇到阑尾炎那样的麻烦事，你就只能选择切除。

而那些坚定强大、雄心勃勃的人，通常会选择与困难做斗争。

困难面前，"如果型人士"可能会选择避免、逃避、忽视或屈服于困难，但我们可以肯定的是，"如何型人士"一定会与之斗争到底！

至少，比起逃避、忽视或屈服于困难，一旦他对困难挥起了皮鞭，他就知道自己不太可能回头了。

两个伟大的斗士

卡森·丹尼森是我所提到过的 1000 个成功故事的主人公之一，他来自美国亚拉巴马州霍尔特维尔，16 岁时双目失明。

视力问题成了阻碍他实现梦想的一大困难。

在经历了五次手术之后，他并没有向困难低头，而是决心要同困难做斗争。结果，他做到了！借助万能秘诀，他明确了自己要从哪里开始入手，如何开始采取行动——也就是该如何去做。

即使双目失明，他知道自己还有想象力。凭借这一点，后来他终于成为一名机械工程师。

今天，他的梦想实现了。他成了一个成功的商人、出色的水管工、电工和机械师。

他的妻子将他的图纸念给他听（第二步），他便在心里记住妻子所读的内容。

这就是对抗困难——而不是忽视或屈从于困难。

弗莱德·洛瑞幼年时便双目失明，他曾试着学习小提琴，不过因为视力问题失败了。但是他下定决心要克服双目失明的困难，从而成为一名乐手。他很清楚自己想要达到什么样的目标，并在脑海里为自己勾勒蓝图，再让人替他在纸上写出来。

至于应该从哪里开始努力（第三步），这是一直让他感到苦恼的事。直到有一天，一位口琴演奏师来到了镇上。

弗莱德说，这正是他成为一名音乐家的机会——一名口琴演奏家。

他把这一想法付诸行动，并且即使贺拉斯·海特多年来一直十分重用他，他也并未因此而中途放弃自己的梦想。在收音机上以及唱片中，你总能听到他的演奏。接下来，他倒是该学习一下"何时给自己放个假"。

她成功地战胜了困难

"我们要去追求自己想要的生活，并且成功地实现它。"

这正是玛格丽特·温歇尔和她的丈夫——这对结婚17年的夫妇近期在面临财务问题时做出的决定。

和我认识的很多女性一样，因为家里人口增多，花销越来越大，温歇尔夫人觉得自己不得不做点什么来补贴家用了。

她试过到服装店当店员，也试过做办公室工作，但这些工作似乎都没有给她想要的答案。

后来，她在《机会》杂志上听说了直销一事。

真正引起温歇尔夫人兴趣的是一家化妆品公司，这家公司为"魅力论坛"提供赞助。

他们所谓的魅力论坛，其实就是由公司代表在潜在客户的家中组织的聚会。

他们在全国不同的地区实行了好几个类似的项目，几乎所有的项目都获得了一定的成功。

这样的工作对中年女性来说，尤其显得轻松而回报丰厚。

就温歇尔夫人来说，在目前这家公司工作的第一年，她就参与了 144 次魅力论坛，其销售工作的时薪超过了 5 美元。

如果你也是一位家里缺钱的家庭妇女，不妨留心一下家中报纸上的广告栏，你或许就会从中发现一些公司招聘兼职工作人员的广告。

这就是克服困难的一个方法。

何时应该抓住困难？

虽说有些时候最好选择避免、逃避、忽视或者屈服于困难，但是你如果把"屈服"当成习惯的话，你就只会越来越懦弱。

并非每每遇到困难都要去克服，但如果它们挡住了你的去路，最佳的办法就是和它们斗争到底。

就像打橄榄球一样，有时你可以绕远点儿，从而将球带到得分区，但也有很多时候，你必须连冲带撞、直面困难，直接闯入得分线，才能得分。

这么做的话，至少你已经让困难知道，你可是认真的。

不知怎的，当困难遇到一个"认真"的人时，困难往往就不复存在了，至少，也会失去部分冲击力。

一个强大的梦想，一座坚固的梦想城堡，是不会在苦难的恐吓中坍塌的。

就连《三只小猪》里的大灰狼也发现了这一点。

每一条路原本都布满了石头和坑洞

人脑与无声的犬笛

两者的相似之处就是，它们都能传递出人耳所不易察觉的信息。

我有一支犬笛，我把它的音色调至我的几条杜宾犬恰巧能听见的频率，而我和其他任何人都无法听到。

犬笛的声音只能被狗耳听到，对我来说是无声的——除了狗以外，对谁都是悄然无声的。

犬笛向狗传达讯息，而我认为人脑也是同样的原理。

你想到某些事。你设想出某些事。你拥有梦想，你能建造梦想城堡，你能实现三个愿望。

你这样想着，就会在大脑中形成一种磁场，从而向潜意识发送信息，进而由潜意识对这些信息进行归类记录，或由潜意识立刻开始执行。

这就像一种高频振波，就像无声的犬笛一样。

你无法"听见"大脑是如何传递信息的，但是你可以"感觉"到它在传递。你可能会感受到某种暖流经过或某种反应的出现，你大可以放心，这是有一条信息正在传送。

信息传向哪儿了？

这一点我不清楚。有些科学家声称，人的想象力是"发射器"，而大脑就是"接收器"。

还有些人认为，思维是"发射器"，而潜意识——我们一切行为的巨大仓库，则是"接收器"。戴尼提学者似乎就是这样认为的。

然而，在证实这一点之前，我们能够确定的仅仅是，我们每时每刻所做的每一件事都记录在大脑中的某个位置——即前额往上一英寸的位置——这里正是大脑灰质的所在。

我们知道，强烈的想法能向潜意识这个仓库传递出强烈的欲望，并使其做出反应，但具体过程是怎样的我们并不了解。

当大脑被某种想法唤起时，或者当潜意识这个仓库被某种强烈的信号调动起来时，这一发电厂就开始运转起来了。

直觉对梦想成真有多重要?

"我有预感今天得进城去。"妻子在早餐时说道。

她确实这样做了——并且发现了这辈子最划算的折扣女装。

是什么给了她这预感呢?

丈夫说:"我觉得今天不该去钓鱼。"果然,一场始料未及的暴风雨袭来,就在他打算去钓鱼的那个湖里,有数人因此而丧生。

有什么在对他说话?

直觉、预感、本能这些东西真的存在吗?

女人比男人在这方面更准吗?

科学家这样说

正如我所说的,我并非什么科学家。我只是一名记者,负责报道美国国内的事情。

作为一名新闻工作者,我见证了人们的成功。我从新闻的视角探究其中的原因,并发现了成功确有一套人人皆可以遵循的模式。

我不知道为什么女人会说："我就是知道——我就是知道！"并且她还确实说对了！

一位杰出的心理学家声称，女人"感觉到"的比男人多，并且其用"感觉"而非耳朵来"聆听"。

因此，和她们"说话"的是她们的情感——而非理智。

女人似乎不太关注他人怎样说，而更关注他人对自己所说内容的感觉，这就是为什么她们会觉得某些人很诚实，而某些人则不可信赖。

女人靠"感觉"来理解他人的想法

推销员上门推销时，妻子言辞甚少。其实，她也许正在角落里缝着衣服。

然而，当推销员离开后，丈夫问她怎么看待推销员的提议，她却突然站起身来说道：

"他不靠谱！"

如果丈夫问她原因，她会说："噢，我就是有这样的感觉——仅此而已。"

丈夫被激怒了，气恼地问："他到底说了什么，会让你觉得他不靠谱？"

她说不出来，她不记得推销员具体的话了。她只是对他的话形成了这样的感觉，却并没有听见什么实质性的内容。她只是感觉得到。

这就是为什么女人的直觉常常准得可怕，让男人觉得异常无语！

这也是为什么说，一名好的推销员绝不该在推销时忽略客户的妻子。

一个医生的看法

卡尔·荣格博士将本能描述为"一种将感觉转化为无意识的基本心理机能"。

约翰·寇德·拉格曼则将其更加简单地描述为"一种走向真理的捷径"。

确实如此。女人绕过推销员的全部言辞——这样才能剥离花哨的销售套话，逼近真实的情况。

金罗美牌玩家或者扑克玩家时常"就能感觉到"你有哪张牌，也许是通过你的手势，你眨眼或喝酒的方式，或是其他某种东西向这位行家的潜意识传递了信息。

他把这叫作直觉。然而，也许这只不过是由于这位行家长期与对方交往，对他们抽到红桃A或红桃K时会如何反应已经颇为了解。

我听过有人这样说："本能不过就是一系列推理。"也就是说，由于你经常看到同样的事情发生，所以当类似的情形再次出现时，你就会知道接下来会发生什么。

所以，预感有时候也完全可以叫作常识。

女人通过"感觉"来判断你的年龄，而男人则试图去猜测！

法官亦有预感

当法官听到某人在为其超速驾驶行为或者自己所受到的指控进行辩解时，为何就能知道这个人在撒谎？

我会说——这就是经验。

这种经验就是，法官听到过太多人撒谎，以至于能看出撒谎的套路。

也许法官未必真的在听他说了些什么，但通过眼睛的观察，他就能看到撒谎者嘴角的抽动已经让他漏了馅，而他手上不自然的动作也意味着他正试图"掩盖"什么。

这些不经意的表现都在向法官的直觉透露：面前的又是一位撒谎者。

前段时间，我曾做过一个针对杂货店盗窃的调查，我见到的一位店长也许对直觉做出了最好的总结。

在各个连锁店中，这家分店的店长所抓到的扒手比其他店长都多。当我问他是怎样做到的，他说：

"我总能知道他们何时准备下手，因为他们伺机下手前总是先四下打探一下！"

你的潜意识从不休眠

也许是因为潜意识从不休眠，并且总是在将你周围的观感分门别类，所以就慢慢形成了直觉。

这没什么神奇的。只不过，潜意识记录了诸多相似的事件，所以当相同的场景出现时，你就会"感觉"到潜意识也做出了相似的反应——然后你就会知道接下来会再次发生什么。

这就是为什么在经过多次深思熟虑后，由于你的潜意识被唤醒，你才开始理解问题的所在。

"我现在可是什么都明白了。"这是那些破解过难题的人最喜欢说的一句话。

他们躲进自己的世界里，当问题再次出现时，就已经找到了答案。

你所知道的似乎比你认为自己知道的东西要多！

你的显意识可能无法将周围的观感记录下来，因为它要忙着处理一些难题，但是你的潜意识却正在进行记录，以便日后之用。

或许你会说，我们每个人其实都是两个人——有两种意识！一种是显意识，它能感觉到你周围发生的事，而另一种则是潜意识，它就像你的影子，跟你形影不离，但是除非你刻意去寻找它，否则你根本意识不到它的存在。

大脑需要休息吗？

悄然无声的犬笛不需要休息，它总是时刻准备着，供你去召唤你的狗狗。

大脑亦是如此，它几乎不需要休息，而潜意识甚至在你睡觉的时候也在继续工作。

不过，说到这里，睡觉是一件很重要的事情。明尼阿波利斯的乔治·迈肯是史上最出色的篮球运动员之一，他把他的巨大成功归功于每天 12 小时的睡眠。

另外，纽约的广告商保罗·盖纳，目前正在负责国防部发起的一项活动，即向红十字会献血。他每晚只睡 4-6 个小时。

要想成功，你需要睡多久呢？

事实上，最新的研究表明，这取决于你从事什么工作。

如果你是一名普通人，下面这些通用规则可能会对你有所帮助。

如果你从事的是体力劳动，或者家务活占据了你的大部分精力，你只需要 4-5 小时来恢复体力。

但是，如果你主要从事脑力劳动，每天晚上就需要整整 8 小时甚至更长时间的睡眠。

当然也有例外。就像乔治·迈肯和保罗·盖纳，他们就不是普通人。

迈肯需要 12 小时的睡眠，而不是 4-5 小时——尽管他的大部分精力都花在专业篮球训练上。

而盖纳的大部分时间都用在脑力劳动上，他却比平常人需要更少的睡眠。

慢慢地，你就会发现，自身的成功其实取决于你所需要的休息时间能否得到满足。

据我所知，获得合适的睡眠时间乃是最重要的成功秘诀之一。

医生的直觉

很多医生其实打心里知道你有什么病，但却无法用言语来形容他的感觉。

你从潜意识里获得的"感觉"通常难以形容，所以你只能说："我就是知道问题出在哪儿！"

这就是从潜意识所获得的经验。

艺术家、音乐家和作家依靠直觉来进行创作。当他们完全放空后，他们常常就会码出几页作品或谱出几节乐曲，这些奔涌而出的创作才华是他们原来所并未意识到的。

他们会重新阅读自己所写的东西，就好像这是他们第一次看到那些文字一样！

艾略特·哈钦森博士认为，这些人中 80% 是依靠直觉来工作的！他的调查也显示了这一比例之高！

人们结婚靠直觉

几年后，很少有人能说出他们当时为什么会结婚。

父亲同女儿讲着道理，告诉她为什么不应该结婚，他可以摆出很多事实。

女儿却根本没注意听，她就是觉得未来的丈夫"是我要嫁的男人"，然后就嫁给了他。

很多母亲觉得某个男孩根本配不上自己的女儿，但她却无法把这种感觉变成强有力的语言来说服女儿不要结婚。

直觉是好还是坏？

在与1000位已经成为"百万富翁"的成功人士交谈过后，在我看来，直觉是好事，而不是坏事。

直觉会在显意识不能指引你的时候指引着你。

它会带着你越过磕磕绊绊。

所以，我强烈建议你去培养直觉思维，因为这会让你的感觉更加敏锐，情感更加丰富。

接下来，就让感觉和情感来指引你吧。

对于你想做的任何事，你都能找到足够多的理由来说服自己。你可以为任何事情找到做的理由——或者不做的理由！

但如果你让自己跟着感觉走，你常常就会发现，你的潜意识比显意识更能判断出什么该做。

你的潜意识里并不会充斥着外来的想法。它给出的是事实——准确记录下来的事实——而不是你希望的样子。

比起你悠闲地坐在那里说"根据这些事实来看，我知道我是对的"，如果你说"我觉得我是对的"，你通常更有可能是对的，也更有赢的把握。

感觉对了——你就对了！

"我在为你挤时间"

概括来讲，很多因素都能助你成功。它们像犬笛一样，是无声无息的。

假设你是一名为了考试而临时突击的大学生。你的父亲给你写了张纸条："我在为你挤时间。"最后，你没有让他失望。他的努力和专注与你自己的努力和专注结合在一起。你通过了考试。

当有人说："你说的正是我想说的。"这就预示着某种力量正分别从你们两个人身上辐射出来——你们思考的其实是同一件事。

有时候，两个人甚至会突然开始说同一件事。为什么呢？

我觉得，这是因为有一种力量对你们产生了作用——而且你们都恰巧能接收到这种力量。你们的反应就像收音机一样，调整到相同的波长，就会收听到相同的节目。

所以，为了成功逼自己一把吧！额外的努力能带给你的帮助，远不是仅靠思维或能力就能实现的。

"许愿池"可能真的有点儿作用

第七章

阻碍你美梦成真的三只小妖

这三只小妖分别是贫穷、批评和疾病。不管你为其中哪一个感到忧虑，你在逐梦之路上都无法大展拳脚。

　　冷战时期，苏联向铁幕外发出干扰电波，从而阻挡美国电台向苏联广播各种关于美国人的优越生活和各种成就的节目。

　　这就叫作"干扰"。

　　三只小妖喜欢来干扰我们的积极想法，比如怎样赚钱，或者怎样结交更多朋友，怎样保持健康的身体，怎样变得更幸福快乐。

　　这三只小妖便是贫穷、批评和疾病。在我看来，它们按照由高到低的能力，分别来阻止我们显意识中的愿望进入潜意识的隧道，从而阻止其转化为潜意识行动。

　　正如钱生钱、利生利，成功也会带来更多成功，所以恐惧也会产生更多恐惧，直至完全堵塞大脑，堵住积极思想的产生。

恐惧会弱化人的思维能力。

它会使人陷入恐慌。俗话说，物以类聚，人以群分。有着相同恐惧的人们，自然也会聚在一起。

如果你希望通往财富和幸福的万能秘诀及其六步法能够发挥作用，你就必须消除恐惧。

忧虑为什么会让成功"黯淡无光"？

为钱发愁，害怕住破房子，担心不得不和老人住在一起，没有足够的独立性来做自己想做的事情，我想这些也许就是所有人最大的担忧。

人们渴望获得独立——而金钱能带来独立。

缺钱就意味着贫困，死了只能葬在贫民墓地，不得不向上了年纪的父母伸手讨要衣食，寻求庇护之所。

也就是说，这种对金钱的渴望会驱使着人们奋力向前——前提是他们不会让恐惧主导他们的思想。

安全感是人们的首要目标，也是人们的最大顾虑（担心"得不到"）。

　　1849 年，希望促使着大批淘金者来到了萨特氏坊[①]；1929 年，恐惧导致了股市的崩盘。

　　如果铁轨上有障碍物，快速行驶的列车会减速和停车。美国总统罗斯福就曾说过："我们唯一恐惧的是恐惧本身。"所以，抛开你的恐惧吧！

渴望得到认同

　　我认为，受到批评是我们的第二大担忧，或者说第二大恐惧。我们对批评感到害怕。我们想要的不是批评，而是认同。

　　害怕受到批评的话，你的想法就会在希望的隧道中坍塌，你获得财富的计划也会遭到阻碍。

　　你必须打消这种顾虑。你不要有任何自卑情结，无须总是寻求他人的认可。

　　你要相信自己很优秀，不必时时刻刻向别人证明这一

---

① 萨特氏坊（Sutter's Mill），亦即"萨特的磨坊"。18-19世纪，在美国的"西进运动"中，所出现的西部淘金热潮。西部移民萨特在加利福尼亚州的萨克拉门托附近发现了金矿，并在各种投机者的操纵下传遍全世界，成为著名的"萨特氏坊"。在奥斯卡西部大片《三步杀人曲》中，"Sutter's Mill"成为主题曲，展现了西部淘金的悲凉与凄苦。——编者注

点，因为证明的同时，你的成功计划也在一点一点流逝。

不要畏惧"批评"这只小妖

当我看到这样一些年轻人，心中总能为之而感到振奋：他们白手起家，已经开始打拼自己的事业，即使有人批评他们，说他们根本不可能成功，他们也毫不在意。

最近，我去芝加哥出差时，在那里遇到了一个年轻人，名字叫约翰·L. 斯特劳斯，他的邮购业务已经做得相当成功了。

几个月前，约翰和他的一个合作伙伴，休·盖拉努（斯坦福大学的前橄榄球运动员）决定开始做邮购香水的生意。

经过仔细调查，他们明确了最受欢迎的香味和市场方向。

他们利用手头仅有的几百美元，开始做起了生意。许多人看到后，都说他们不可能赚到钱。

尽管最近几年，香水邮购业的销售额一直在下滑，但他们已经看到成功的曙光了。某些悲观主义者曾说过，他们根本不可能成功。而前三个月的销量则毫不客气地反驳了这些悲观主义者。

就这样，约翰和休有了一项既不耽误时间又能赚钱的新生意。

这件事再一次证明，如果说成功需要什么条件的话，那么，详细的计划以及足够的雄心抱负当属其中的必要因素。

也许你会感到气馁，因为你认为自己擅长的领域太有限。其实，你可以从这两个年轻人的故事中找到信心——在许多"专家"认为不能成功的领域里，他们却取得了成功。

不必害怕疾病——利用万能秘诀来保持健康

一旦你无经济之忧，你就想要获得认可，得到了认可之后，我们最担心的第三件事便随之而来，那就是：健康状况。

没有了好身体，有钱又能如何？没有了好身体，认可不认可又怎么样？

所以，你的健康状况会引起你极大的忧虑，从而进一步阻碍你走向成功。

"那么，"你会问，"你的万能秘诀如何能让我的身体更健康，或者能够让我保持目前的健康状况？"

答案很简单。

只用一个高级词汇就能概括，那就是："心身医学"。

何为"心身医学"？

这个词的意思是你的思想可以控制并且正在控制着许多疾病。

你可以用意念驱走疾病。

我已经见到过很多这样的例子，所以我知道这完全是有可能的。

我的意思不是说，如果你患了天花或感染了严重的病毒，你也可以凭意念抵抗。一旦你生了病，就应该去看医生。我的意思是，通过大脑的力量，你可以避免患上一些疾病。

在抵御疾病时，强大的精神力量往往与X射线一样，非常管用。

思想能够发散出一种力量，就像人造机器能放射出伽马射线一样。

你可以放射出各种想法，从而防止各种"松懈情况"

的出现，避免让疲劳感拖垮你的健康，从而给病菌可趁之机。

其中的原理是什么？

记住，什么都无法替代一个好医生。当真正的病菌来袭时，你的意念对抵抗病菌会有帮助，但显然不可能杀灭病菌。

但在这里，我要告诉你的是，意念如何能够给身体提供力量，从而抵抗多种病菌的入侵。

医生曾告诉我，许多病菌时刻存在于我们的身体中，一旦身体松懈下来，坚持不住了，病菌便趁虚而入。

现在，如果你身强体壮——你的身体就会把多种病菌阻挡在外，阻止它们入侵你的身体。

如果医院里的病人整日念叨着，"我知道，我就是知道，我是撑不过去了"，现在的医生们是不会为这样的病人做手术的。

他们的想法让自己的身体变得更加虚弱。身体垮下了，是因为精神早已放弃了。

生存的意志消散了，这样的病人往往也就不行了。

意念会帮你的

"我不会生病的——不会的——不会的！"当疾病正在侵袭身体时，这种想法就是一剂良药。

我就这样抵御了多次感冒。作为一个演说家，我真的不可以感冒。有些时候我感觉我要感冒了，就对自己说，我绝对不能让这么多观众失望。于是，我就这样用意念击退了感冒。

假如我当时松懈了，放弃了，让自己听命于感冒，我可能真的就会感冒。因为我的整个身体系统都懈怠了，如此一来，就连意念也无法发挥力量，无法作为抗毒素来抵御感冒了。

当然，这种办法永远不可能代替药物。但是，医生还是会告诉你，你可以赶走许多流感和病痛，就像快走可以让人看不出跛脚一样。

我的说法是不是太牵强了？

我认为不是，就像意念可以让你在生活中成为你想成为的人一样，它也能够帮你抵御疾病的入侵。

意志力是我们抵抗疾病的最强药剂。

它自动产生于我们的大脑内部，而不是药剂师的实验室！

现在就开始培养你的意志力吧！

意志力真的这么神奇吗？

放弃了追求的老人，整日坐在圣彼得堡公园的长椅上消磨时光，这样的人离死亡也不远了。

那些说"让我放弃？我？那得看它们有没有这个本事了"，这样想的老人通常会活到一百岁。

他的年龄就算已经100岁了，但他的思想仍然还是20岁！

年轻的意念终会战胜迟暮之躯！

用双脚走路的决心常常能让一个跛足者站起来，扔掉拐杖，开始自己行走。

"奇迹啊！"人们大声喊道。真的是奇迹吗？是的，这是一个思想战胜身体缺陷的奇迹！

神殿之所以能成为神殿，其秘密就在于能点燃病人体内强大的意志力。

当一个人看见别人抛开拐杖，自己行走时，他就获得

了信心，意志力得到激发，于是他也放下了拐杖，靠双腿
走了起来！

你就是你自己的神殿

在你的身体里有一种腺体，能在遇到突发事件时迅速
释放出能量。

有一堵墙马上就要倒下来砸到你，你发现了这一点，
你的大脑就会向这种腺体发送信息。腺体迅速释放出能量，
于是你开始用比以往任何时候都快的速度逃跑，或者，在
那一瞬间，你的身体突然涌出超人般的力量，用自己的手
臂支撑住了倒塌的墙。

在面对一堵即将倒塌的墙时，这就是意志力超越了体
力的例子。

这个道理对于侵袭你的病菌同样适用。在你的喉咙里
有着无数的病菌，一旦你放弃了，身体松懈了，它们便会
入侵。

这样一来，你的"珍珠港"就被偷袭了。

其实，你可以成为你自己的神殿。大脑通过对你体内
的各个保护性腺体发出强烈的刺激，从而释放出强大的能

量，进而治愈多种疾病。

这就是病菌与腺体的对抗！你不可能彻底摆脱病菌，但可以不让它们为所欲为！

而帮你实现这一点的正是你的意志。

病菌入侵的时机

在我结束巡回演讲之后，往往会嗓子疼或者感冒。

于是，我就放松下来，我会觉得无所谓，因为没有观众等着听我的演讲了。这时，如果我有了想要放松的想法，我很容易就会松懈下来，然后就会正中疾病的下怀。

当你驾车行驶在公路上，一旦放松精神，就容易发生事故，而集中精力时却很少会有事故发生。那是因为，当集中精力时，你的大脑能够控制你的反应，并辅助你的眼睛、耳朵、双手以及刹车。

永远不要放弃。

"希望"不过就是一种不向任何困难低头的坚定决心。

近盲者免于全盲，靠的是坚定不移的决心，这股决心对视神经的作用几乎达到了医学效果，从而让其保住了部分视力。

决心让许多口吃者摆脱了口吃的现象。

思想并不能治愈骨折的手臂，但它确实会从精神上为你进行内部疗伤，从而加快骨头的愈合。

你的思想能够带来超越自然规律的帮助。

给思想一个机会吧！

所以，给你的思想一个机会，让它与身体一起工作吧。

"我不会死的——我不能死——如果我死了，我的家人、我的孩子怎么办？"一个被医生放弃的病人这样喊道。

多数情况下，这样的人会活下去的。

"20年前，医生就放弃我了。"我们经常能听到这样的话。

当医生已经放弃泰迪·罗斯福时，他毅然去了美国西部。纽约市长拉瓜迪亚也是如此——结果他们都继续活了许多年。

他们的思想比病菌更强大！

因此，当你感到不适和心烦，当你生病了，就让意志的光芒放射出它们的力量吧，它们会帮助你击退来袭的病菌。

这就是意志超越身体的表现！

司机拥有了自己的司机

赫伯特·E. 穆勒是一名司机，由于身体状况不容乐观，医生放弃了对他的治疗。

赫伯特了解到，精神的力量可以控制身体。于是，他用意志告诉自己不能死，他果然活了下来。

他已经克服了对健康的忧虑。

接下来，他开始想着赚钱。他发明了一种便携式跳舞板，可以组装到任何地方，不管是舞台上，还是自己家里，然后就可以跳舞了。他在自己的家里发明了这种东西。如今，这位曾经的司机已经拥有了自己的司机。

他战胜了贫穷和疾病这两只小妖。

乔尔一夜致富的秘密

乔尔·T. 亨利是佐治亚州迪凯特市人。像很多人一样，他也说过这样的话："如果我有金钱的支持，我一定会成功的。"

后来，他打消了这种消极的想法，忘记了自己对金钱的担忧。直觉告诉他，只要朝着正确的方向努力工作，就会赚到钱。

他赚了一些钱后，就雇用了几个和自己一样的机械师。他们有了一个想法，知道如何为这个想法绘制蓝图，并且知道如何着手采取行动。最后，他们造出了一台混凝土砖机。

目前，乔尔的工厂雇用了 80 名技术工人。

就在迪凯特市，贫穷这只小妖受到了重重一击！

受伤男子做电话销售

要想影响一个人的生活，并不需要三只小妖组团出击，任何一个单独上阵，也能带来足够的麻烦。

30 岁的雷·弗里曼是一名韩裔兽医，住在得克萨斯州的橡木崖。他的身体状况突然变差，给了他狠狠一击。

但这并没有妨碍他成为一名家电销售员，通过电话向朋友销售家电。

后来，他扩大了业务范围。现在的他不仅向朋友推销，还向别人推销。

他告诉记者："在医生取出我的部分髋骨后，我真的烦躁极了。我厌倦了每天盯着四面墙发呆的日子，于是我就在床上做起了销售。"

他消除了疾病这只小妖所带来的干扰，进而把自己的梦想变成了现实。

在海军陆战队服役时，鲍勃·克里斯滕巴利失去了一只手臂。但这并没有阻止他利用六步法改变自己。最后，他当上了百老汇大街上著名的阿斯特酒店的负责人。

在军事学院学习时，戈登·奈特不幸被桨击中，伤到了脊椎，从此再也无法坐下。他渴望做一名军人的想法渐渐消失了，但他却在另一个领域里成为了一名"将军"。

他创办了一家优秀的杂志销售公司，又成为达拉斯青年商会（基瓦尼斯俱乐部）和另外几个俱乐部的会长。戈登发现，利用六步法，即便自己再也不能坐下，也能获得成功。

生活始于六十岁

达拉斯的玛泽勒·E. 斯隆夫人不想让自己变成一个整日坐在摇椅上的老人。

她已经 81 岁了，比摩西奶奶拿起画笔作画时还要大上一岁。

在 81 岁的年纪，她还在为 20 本贸易杂志撰稿，甚至希望自己有更多时间为其他杂志撰稿。

"财富，"她说，"在你活到这个年纪以后，并没有什么太大的用处。"

她无疑是在与疾病这只小妖抗争。尽管已经到了这般年纪，她仍然敢于嘲笑疾病，蔑视疾病。

她还摆脱了贫穷这只小妖，坚持自食其力。

在加入了"生活始于六十岁俱乐部"之后，批评声告诉她，不要不服老。她却用朝气蓬勃的决心让这些人沉默了。

就是这个女人，在 81 岁高龄时，让自己最狂野的梦想成为了现实！

所有的事情都是相对的

从精神上来说，一个只有 10 美元的流浪汉，跟一个又赚到了 100 万的富翁，两人是一样富有的，因为所有的成功都是相对的。

一个瘸子看见一个盲人后，就变得比以前开心了。

幸福感是相对的。幸福其实就是满足。如果你内心感到满足了，你自然就快乐起来了。

恐惧也是相对的。有些人担心当不上参议员，有些人担心找不到合适的伴侣结婚。

把你的恐惧与别人的恐惧比较一下，你就会知道，你的恐惧是多么微不足道。

沃尔特·马西尼不会为金钱而担忧。二战后，他为 5000 人提供了疗养。与这些经历战争的人比起来，他所有的恐惧和忧虑都不值一提。

战争结束后，他得到了一笔政府补贴的贷款。他用这笔钱在新泽西州的普拉克明租了一处房子，房子占地 40 英亩，分为 18 个房间，他接纳了 36 名需要接受康复治疗的麻痹症患者。

他组建了一支医疗队伍。现在，这些医生正在努力让病人们重新站起来，让他们恢复健康。

这些病人都没有贫穷的烦恼，也没有受人批评的烦恼，他们只为病痛而担忧。

沃尔特帮了他们，而通过这一举动，沃尔特成了全国知名人物。他的成功并不是以美元来计算，而是以病人们脸上的幸福微笑来计算的。

发光的灵魂会驱走黑暗角落里的小妖

人们无法成功的一大原因

这个原因就是忧虑。相比其他任何原因来说，忧虑最能阻止人们实现自己的目标，毁掉的成功也最多。

如果你有三个愿望——如果你渴望财富——如果你是一个说过这种话的女服务员："天啊，要是我能嫁个大款，让别人服侍我就好了。"

如果你用了万能秘诀中的六步法，但成功依然与你擦肩而过，那么，唯一可能妨碍你成功的就是忧虑。

你忧虑地想，"我就知道我不会成功。"你想着，"我知道我无法康复。"

忧虑会让你衰老，会带走你的健康，阻止你走向成功。

你担心自己也许去不了梦寐已久的南美，而莫名其妙地你就真的没去成。

为什么呢？

忧虑的原理

对于你的意志来说，忧虑似乎和决心一样，是一剂强有力的催化剂。

当你感到忧虑的时候，你就形成了一连串负面的想法，并诱发了一系列负面的化学反应，从而让你的潜意识去遵从那些负面想法。

你之所以失败，是因为失败就是你的意愿。

正如你可以让自己怀有成功的意愿，从而在体内建立能够推动你向前的机械反应一样，你也可以怀有忧虑的念头，从而让这份忧虑帮你达成你的预期——你最差的预期。

从情感上来讲，忧虑和决心一样强大。正如我们所见的那样，求生的决心常常可以挽救一个已经被医生放弃的人，让他继续活下去——因为这个人在命令自己的身体要撑下去。

忧虑也是如此，它像欲望一样强大，能在身体里触发电脉冲。它指引着你走向失败，就像决心指引你取得成功一样。

从工作原理上来讲，忧虑的作用和成功的欲望是一样的。

停止忧虑吧，这样你才会开始向前迈进。

让我们感到忧虑之事

如我前面所指出的，我们最常感到忧虑的是贫穷、批评和疾病。

我们担心癌症，担心各种各样的疾病和死亡。

如此一来，我们就真的能"把自己担心出事儿来"。

这就像是一处瘙痒，很快就会引起结痂，长出肉疣，最终发展为癌症。

死亡常常是许多人的最大忧虑，尤其是老年人。然而，死亡是一个向前迈进的过程，而非放弃某些东西。

退休让很多人感到忧虑。然而，如果你去工厂参加新一期的退休课程，就会发现退休仅仅意味着向前迈入另一阶段——不是放弃，而是一个前进的过程。

死亡是一种观点。

躺在床上自然死亡的人和监狱里的杀人犯，可能对死亡有着不同的观点。

也许这个来自于即将接受绞刑的强盗的观点，才是最具智慧的，他说：

"现在，我不用再去担心金钱，担心去哪儿抢劫，去哪儿弄吃的，担心下一个警长会在哪儿等着抓我。现在，我终于不用再担心了。"

他确实不用再担心了。

绕过忧虑，获得成功

医生告诉妮娜·威尔科克斯·普特南，她的生命还剩下两年的时间，而她却从这时起，写出了她的第一部长篇小说。

从 20 岁起，阿尔弗雷德·诺贝尔就成了半个残废。

有一段时间，肖邦曾被朋友称为"行尸走肉"，而他却在这时创作出了不朽的音乐。

爱迪生只接受过四年的学校教育，但他却从不为此而担忧。巴斯德也从未为自己不是医生而担忧。

莱特兄弟曾被称作自行车匠，但他们却从未为此而担忧。

米开朗琪罗在 80 岁后才画出他最棒的作品。

亨利·福特和亚伯拉罕·林肯都自认为是"失败

者"——当然了，这是在他们 40 岁之前，也就是尚未成功之前。

温斯顿·丘吉尔大学考试不及格。爱因斯坦的数学老师则说这个学生反应迟钝。

约翰·R. 格雷格也曾被同学叫作傻瓜，而现在，很多开展我的销售课程的学校都在讲授他的速记法。

查理·达尔文自称"普普通通"，但这并没有让他感到有什么可忧虑的。

不要找"借口"

忧虑是一种"借口"。

为没有成为自己想成为的人，或者没有得到自己想要的东西而找的借口。

忧虑是一种托辞。

"如果我有钱就好了……""如果我能成功就好了……""如果我住在另一个城市就好了……""如果……如果……如果……"

你没有成功的借口又是什么？

我敢打赌，你无法想出一个其他人没曾想到的借口——也就是说，别人曾绕过了这些借口并取得了成功。

他们是怎么做到的？

是通过思考"怎样"——而非"如果"。

思考我"怎样"阻止忧虑，而不是"如果我再年轻一次就好了"。

影响成功的不是健康，也不是年龄！

成功害怕的是对忧虑的恐惧

梦想成真
Dreams come true